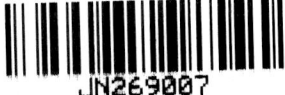

楽しいかずらアート

……　テーマのある作品づくり　……

尾上みち子

明窓出版

庭から

だ円かご　バゴバゴ　P48

花台　ぶどう　ふじ　P42

手つきかご　あけび　P32

庭のみもざ

台つき鉢カバー　あけび

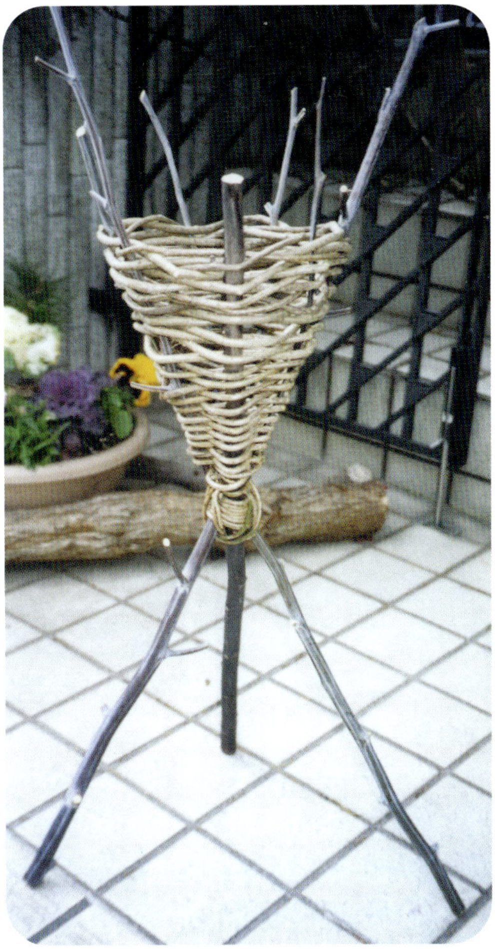

三脚の鉢カバー
みもざ・あけび　P59

プランター　ふじ　P42

立体のオブジェ
ふじ・あけび　P39

みだれ編みのかご　あけび・くず　P36

ウェルカムボード　籐・ふじ

リビングから

升目あみのかご
ふじ・籐・くず　P55

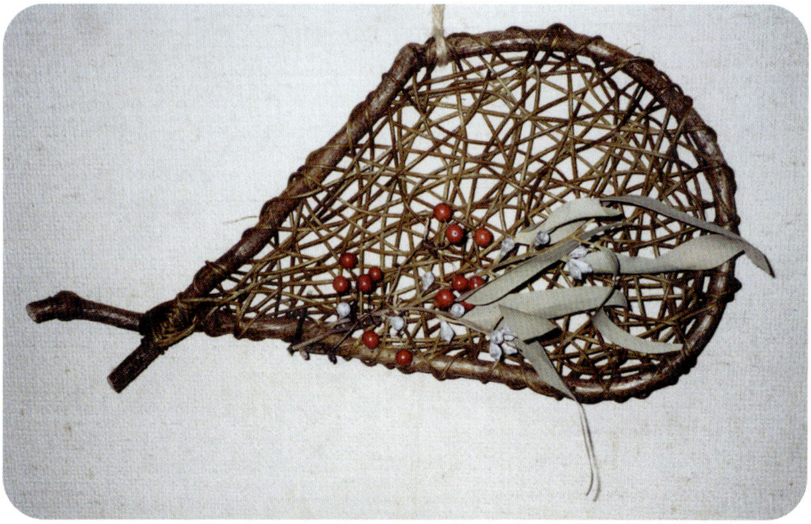

みだれあみのかべかけ
あけび・籐　P54

手つきかご　P40
つづらふじのかびん　P67
すかし模様のかご　P66
つづらふじ

三脚　P59
鉢カバー　P60
トレー　P63
みもざ・あけび・籐・麻ひも

息吹　野ぶどう・あけび・麻ひも　P39

かべかけ　桜の枝・籐

かびん
くだものいれ
ティシュカバー
便利かご
うかし模様のかご　P78
籐

ピアノとお花
籐・皮籐

みだれあみの台つきかご
ふじ・あけび　P31

躍進
ふじ
あけび
P42

かべかけ　みもざ・籐　P63

つつ型かべかけ　あけび　P34

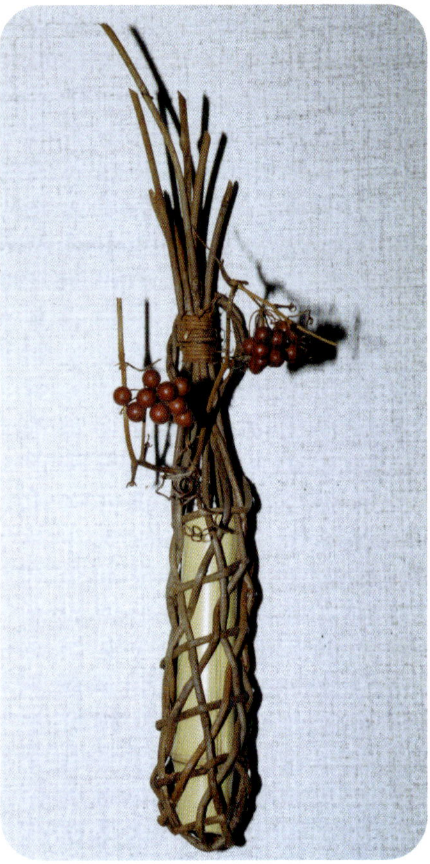

一輪ざし　バゴバゴ・竹筒　P41

かべかけ　あけび・くず　P43

かご　あけび・くず　P26

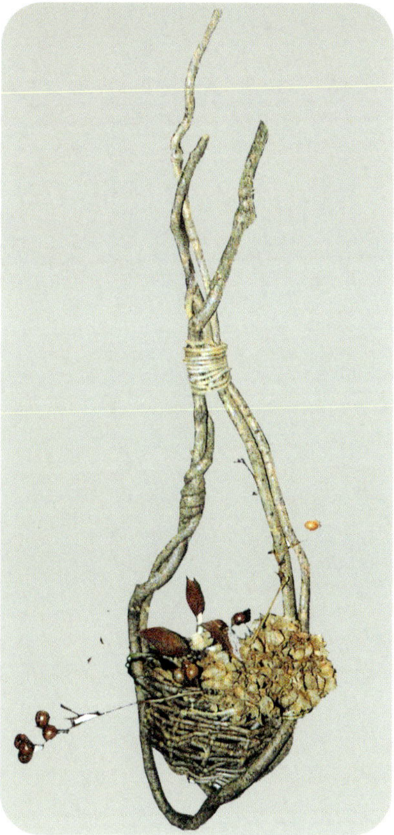

かべかけ　あけび

鏡　籐　P74

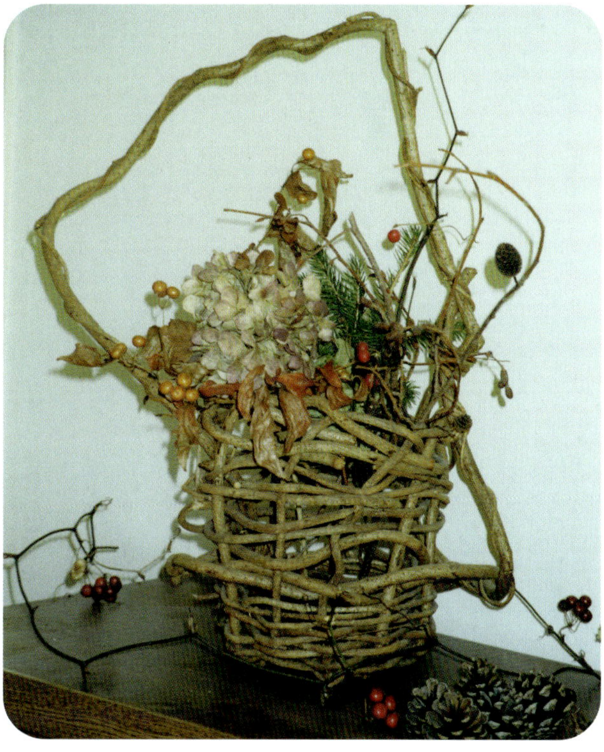

かびん　あけび

かご　あおつづらふじ

花とおさら
籐・あけび
P52

手つきかご　キュウイ・籐　P55

おさら　ふじ・籐　P54

華はりの額　皮籐
ワインラック　籐　P75
トレー　みもざ・籐　P63
急須しき　バゴバゴ・籐　P56
菓子皿セット　あけび　P51

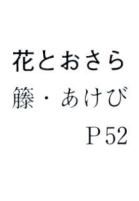

あかり

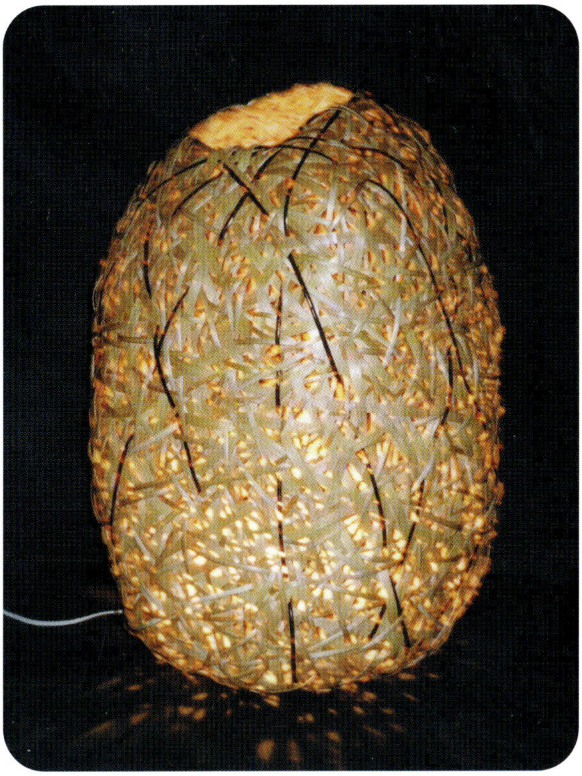

木洩れ日　籐（平芯）・皮籐

輪　バゴバゴ

スタンド　籐（平芯）　P71

三角形のあかり　カリン・バゴバゴ
オブジェ　くず・バゴバゴ・あけび

六ッ目編みのスタンド　籐　　　　灯火　籐

きのこの演奏会　籐　P68
（2000年 淡路花博　ライトオブジェ　しおさい園にて）

キッチンから

おさらいろいろ
みもざ・籐・あけび　P63

とうもろこしのかご
とうもろこしの皮・ラフィア

柳のかご　柳・いぐさ

かけ編みのかご　籐
みだれあみのかびん　籐・竹筒

巻き編みのかご
バゴバゴ・籐　P56

野菜たちあつまれ！
あけび　籐　P72　P73

クリスマス

額　籐

リース

ししとうの実・あじさい・サンキライの実・松ぼっくり・ふじ

みもざの枝・あけび・むらさきしきぶの実・アイビー・バゴバゴ

ベル

バゴバゴ・籐

サンキライ・楓の実

P44

かべかけ　ふじ

リース
あじさい・サンキライ
あおつづらふじ
へくそかずら・あけび
P44

ながぐつ　バゴバゴ　P45
ぼうしのブローチ　籐　P47
花かごのブローチ　籐　P47
ブレスレット　丸芯・皮籐　P76
かんざし　籐　P47

ウエストポーチ　籐　皮ひも

小かご　バゴバゴ

はじめに

つるとのかたらい

近年、自然回帰が唱えられ、又、ガーデニングのブームもあり、かずら（あけび、ふじ、くず、ぶどう、つづらふじ、ていかかずら、すいかずら、へくそかずらなど、つる植物の総称）や籐、バゴバゴ〈輸入あけび〉、植物の表皮、枝、ひも類、葉、麻ひも、針金、布などの素材を使ったかごや鉢カバー、生活装飾品などが、広く受け入れられるようになりました。

二十年ほど前、籐と出会いました（籐は、ヤシ科に属するつる性の植物の総称で東南アジアを主産地とします）。

それ以来、編むことは，生活の一部になりました。物をつくり出す感激は、今も変わることなく新たな力となっております。

十二年前に、山の近くに引越しましてつるとめぐりあい、山で採取する楽しみが加わりました。

自然の恵みに感謝し、一本の小さなつるも無駄にしないで、大切に取り扱い、作品にしましょう。太い曲がったつるは、アレンジのしかたで異なった作品になり、いろいろなデザインが表現できて貴重です。

つるを採取するときは、その持ち主や管理者の許可を得てからにしましょう。

新しい芽がまた出てくるように、根もとの何cmかはおいておきます。

自然とふれあうことで心を豊かにし、ゆとりと温もりが、感じられてきます。

かご作りは、編む楽しみはもちろんのことですが、素材をみつけ集める楽しみと、その作品を使う楽しみを味わうことができて、生活に潤いを与えてくれます。

みなさんのかごづくりに、お役に立てればと思いつつ………。

2002年　初夏

尾上　みち子

目　次

縄文期の編みかご

７年前、約３千年前（縄文時代）の遺跡で、大型の編みかごが、ほぼ完全な姿で見つかりました。かごの素材は、ヒノキらしく植物の皮のようなものでした。

【福井県鯖江市の四方谷富伏遺跡】

昔の人々もかごを編み、何を入れて使っていたのでしょうか。

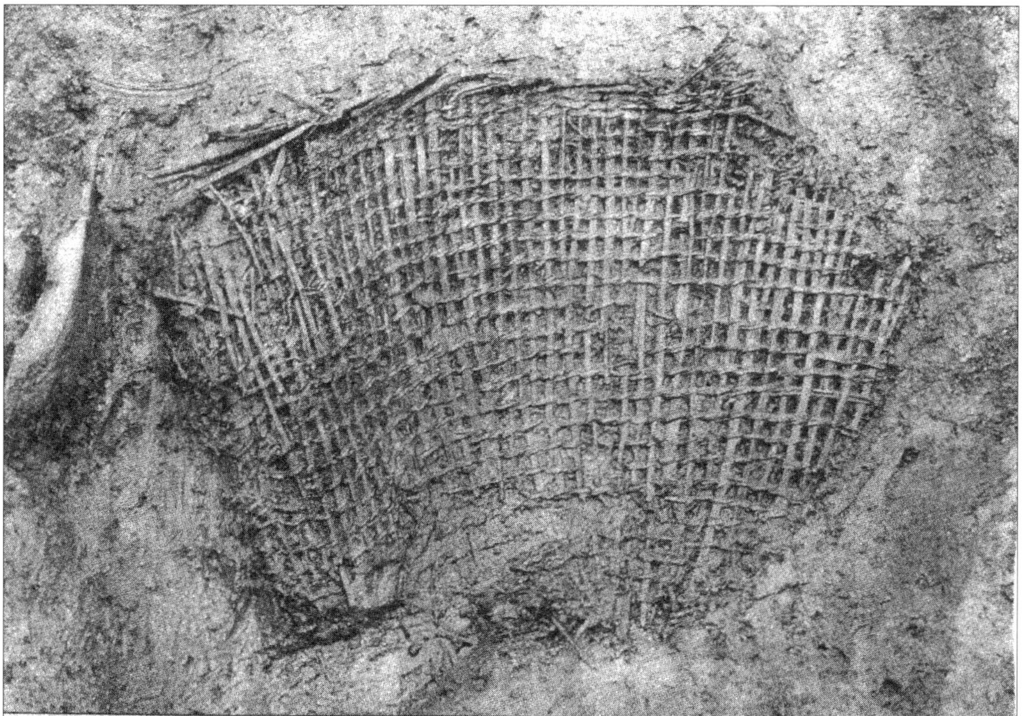

（平成七年十一月二十一日）

縄文期の大型編みかご発見

縦55センチ、横70センチ ほぼ完全な形で

福井・四方谷富伏遺跡

約三千年前の縄文時代人が、木の実などを入れていたらしい大型の編みかごが福井県鯖江市の四方谷富伏（しほうだにとみふせ）遺跡で見つかり、二十日、福井県埋蔵文化財調査センターが発表した。かごの素材はヒノキらしく、植物の皮のようなもので編まれている。縦五十五センチ、横約七十センチで、ほぼ完全な形で残っていた。話題を集めた青森県・三内丸山遺跡の「縄文ポシェット」の四、五倍の大きさ。

（26面に関係記事）

遺跡からはほかに、木の実が詰まった貯蔵用の穴の遺構三十八基、膨大な量の木製品、土器片などが約千平方㍍の狭い区域で出土した。

「食糧備蓄基地」と土器捨て場らしく、近くに大規模な縄文遺跡が眠っている可能性が高いと調査センターはみている。

完全に近い形で出土した縄文時代のかご＝福井県鯖江市四方谷町の四方谷富伏遺跡で（県埋蔵文化財調査センター提供）

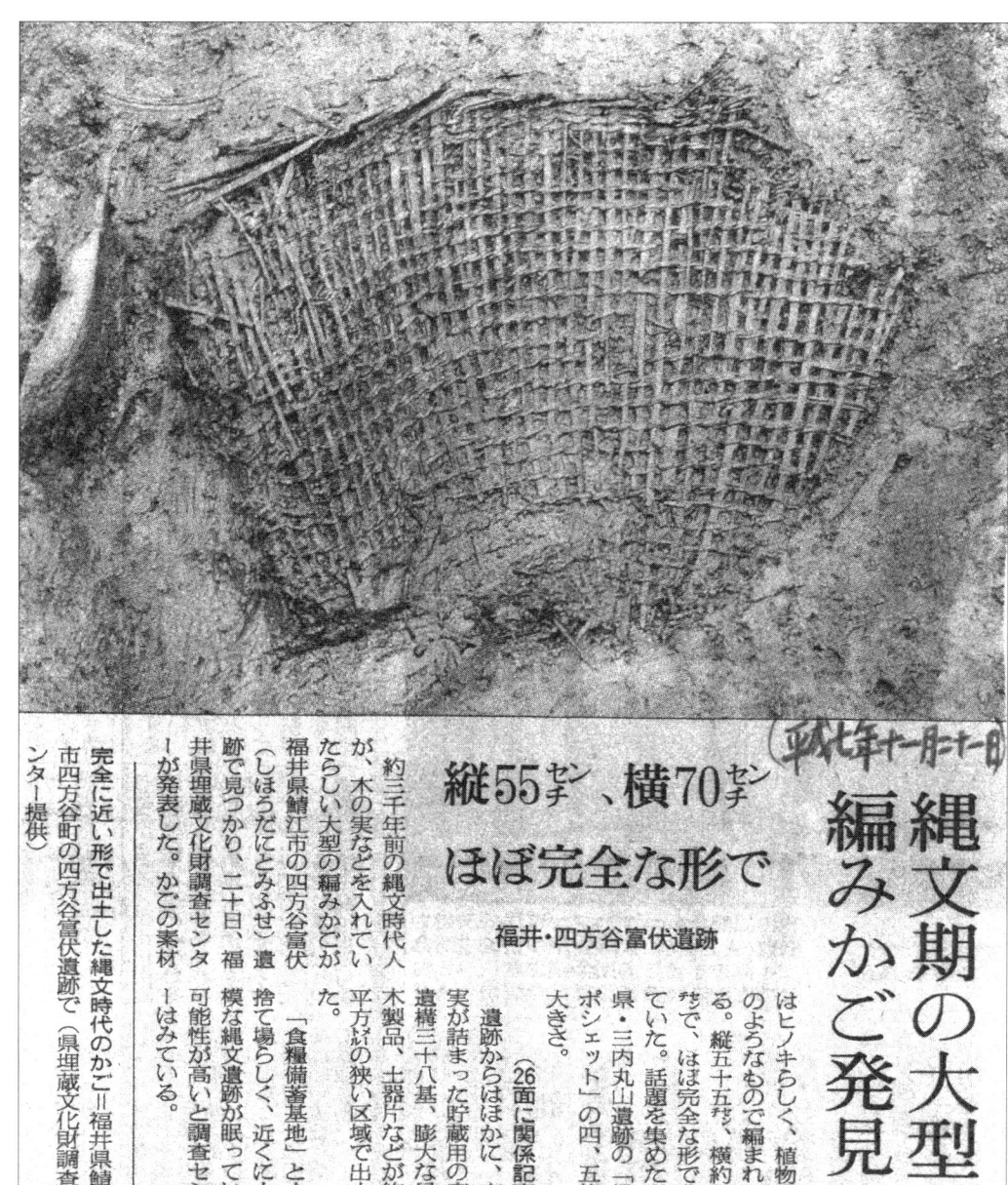

山にはいっていくと、太いつるや細いつる、木の実、花、葉などが、目につきます。
持ちかえって思いつくままに編みました。かごと、かべかざりができあがりました。
自然の力強さ、大きさ、やさしさを感じていただければと………。

進

林の中から

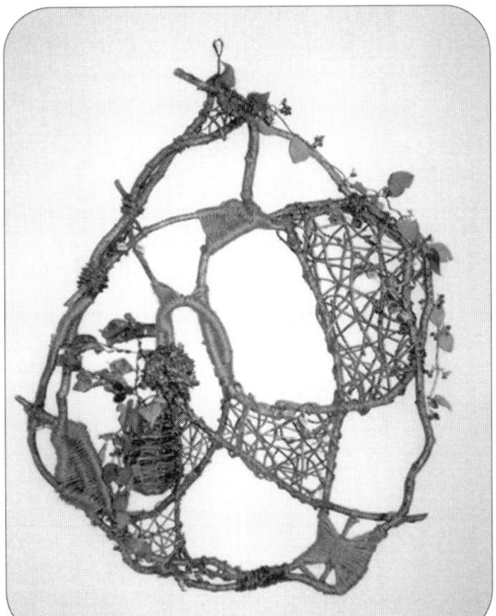

芽 吹

かご編みの基礎知識

かごを編むということは……。編み方で分類しました。

1、ざる編み

たて芯と編み芯があります。たて芯は、主に太くてしっかりした素材を用います。編み芯は、柔らかくて編みやすいものを用います。あまりにも細い場合は、何本かを束にして編むこともできます。たて芯で組み、編み芯で上下上下と編んでいきます。

円の底…A、十字組み、B、米字組み、C、井桁組み、D、格子組み

たて芯の長さは、底の直径＋（高さ＋縁の長さ）×2

たて芯の本数は、$\dfrac{\text{底の直径}\times 3、14}{3\,(\text{たて芯の間隔})} \div 2 \pm 1$

1本どりの場合です。

たて芯を1本にするか2本にするかは、作品の大きさや素材を考慮しなくてはなりませんので、一概には言えません。

たて芯の間隔は、作品の大きさやつるの太さによって異なります。

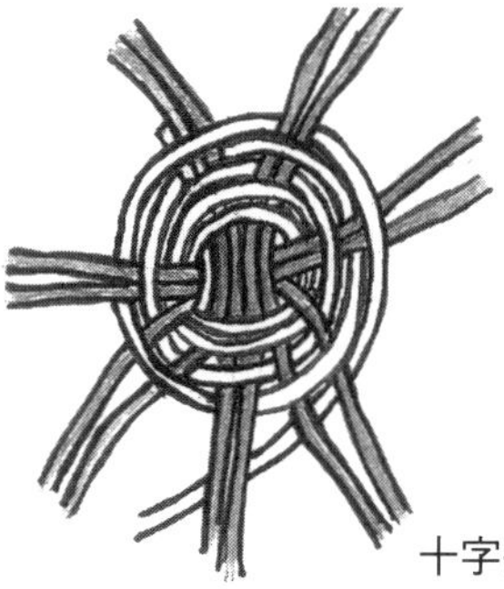
十字組み

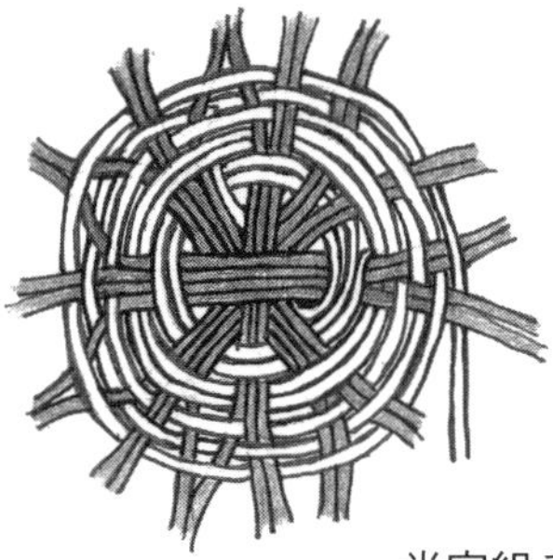
米字組み

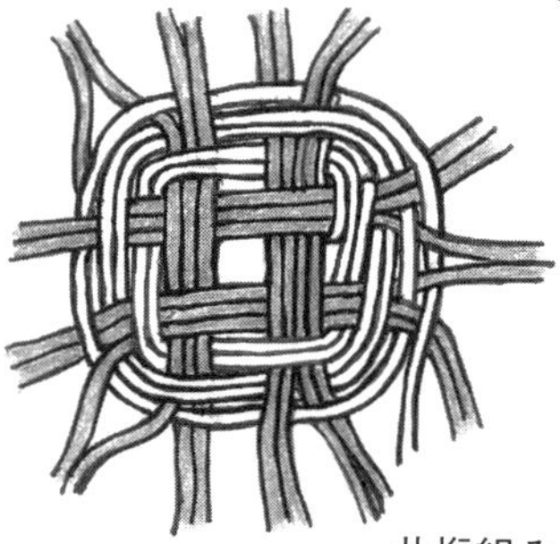
井桁組み

＊太い方がたて芯、細くて巻いてあるものが編み芯　＊格子組については、P74参照

四角の底…折り返し編みで角底をつくる。

＊折り返し編み

たて芯の間隔を決め、たて芯をガムテープなどで固定し編み芯で、芯の上、下、上、下と編んでいく。
両サイドは折り返す。

だ円の底…A、だ円組み

B、円の底や角底から折り返し編みを両サイドにいれる。

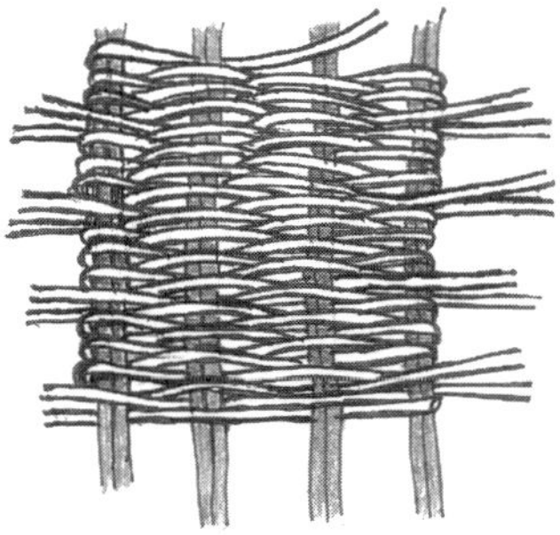
角底（折り返し編み）

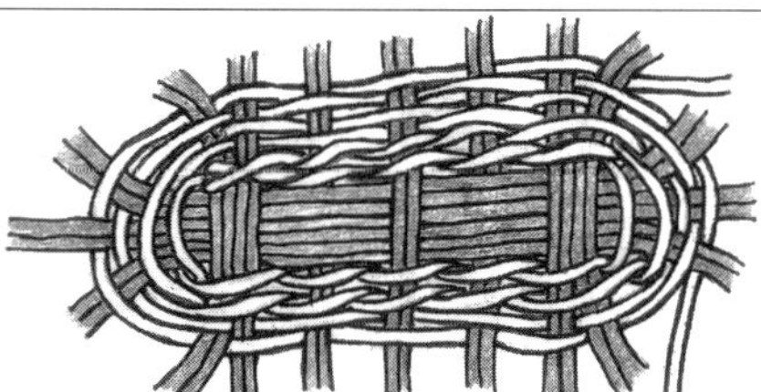
だ円組み

編み芯で模様をつける……かけ編み（注：イラスト参考口絵Ｐ14のかご)、よろけ編み、たる編み、青海編み、矢羽根模様、矢来編み、輪つなぎ模様、うかし模様、松葉模様、すかし編み、折り返し編み、ひし型編み、２本縄編み、３本縄編み……などがあります。

※たて芯が偶数の場合は、編み芯は２本で追いかけざる編みをします。

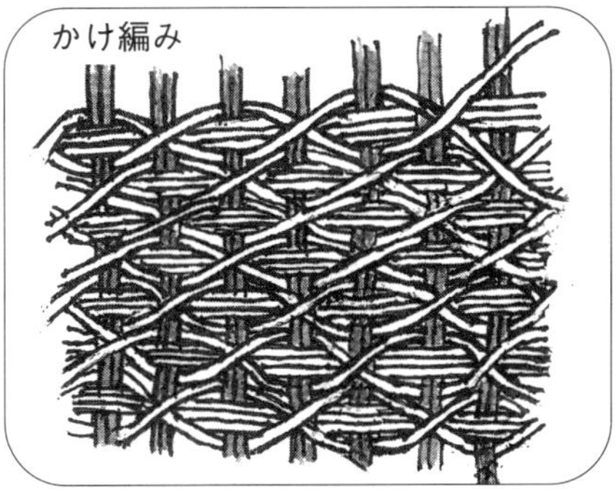
かけ編み

２、みだれ編み　たて芯と編み芯の区別がない。

３、六つ目編み　六つ目に組んで編む。

４、巻き編み　しっかりした太いつるを編み芯で巻いて編みこむ。

５、つつがた編み　たて芯をたばねておいて、編み上げる。

６、木の葉編み

Ａ、周りのたて芯を増やしていく。

Ｂ、中央のたて芯にさし芯をする。

全体のかたちは、木の葉のようになり、上下、上下とざる編みで編む。

縁の始末 …… たて芯を水につけてやわらかくしてからです。

１、内返し止め（Ｐ72参照）

２、外返し止め（Ｐ72参照）

３、巻き縁止め（Ｐ78参照）

４、内高縄止め（Ｐ44参照）

５、三つ編み止め（Ｐ75参照）

６、スカラップ止め

７、えび止め

８、うろこ止め　　などがあります。

手をつけたり、台をおいてもよく、時にはかべかけにもなり……。さまざまな作品ができあがります。

ついだところの芯は、短く切り揃えます。縁は止めた後は外れないように、少し残して切りそろえます。かごがしめっているうちに全体の形をととのえてできあがりです。ケバが目立つものははさみで切り、全体をガス火で焼いてとります。

つる植物のなかまたち　押し花にしました

自宅近辺で、見つけたつるたちです。葉の色、かたちによって見分けることができます。それぞれが、曲がり具合や手ざわりなどが異なり、自然の風合いを味わうことができます。

さあ、鉢カバーにしましょうか。壁掛けにしてかざりましょうか。それとも、野菜などを入れる大かごをつくりますか。

あけび

野ぶどう

つた

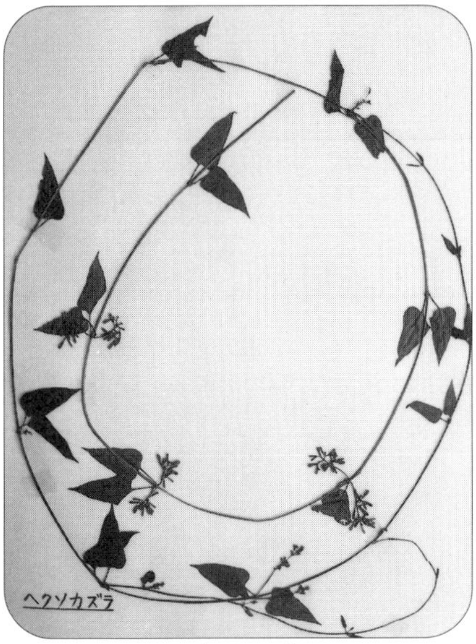

へくそかずら

ふじ

くず

アイビー（ヘデラ）

ていかかずら

サンキライ

あおつづらふじ

すいかずら

やまいも

………曲がったつるを生かして２つとない作品を編む…………

つるの作品を、形（デザイン）で、分類しました。16種

同じデザインでも使う素材や少しの手加減で異なった作品になります。

1　かごを編む。かごは、まるくても、だ円でもよい。　口絵　Ｐ９

すわりの悪い場合は、台（リング）を、かごの下につける。
手をつけるのもよいでしょう。

手つきかご、台つきかご

材料：あけび
　　60cm　5本　十字組み
仕上り寸法
　　直径　15cm
　　高さ　8 cm

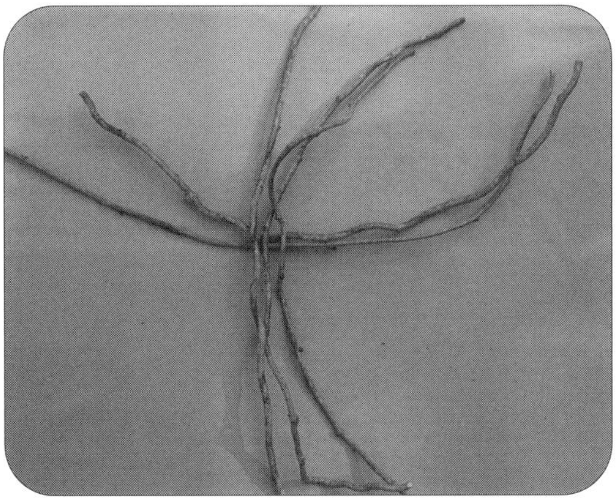

①横に２本、縦に３本を十字に組む

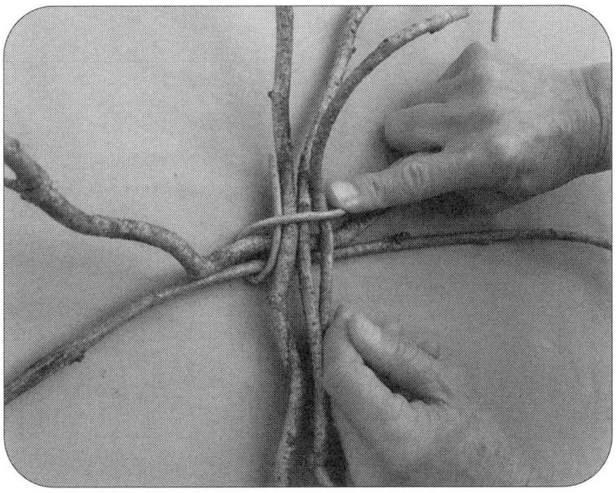

②編み芯を縦３本左側に５cmかけ、曲げて下上下上と周し、もう１周する

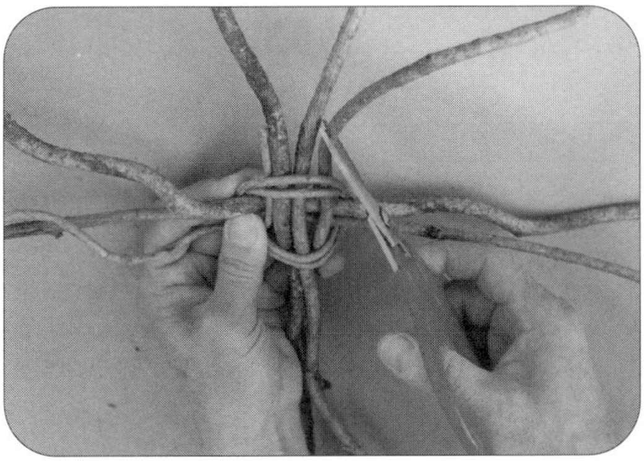

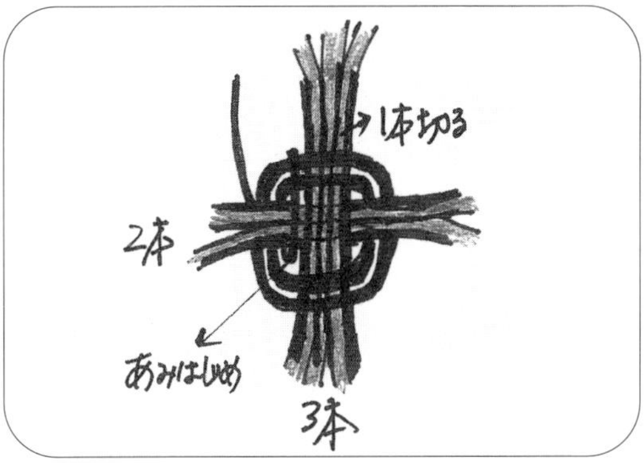

③ 中心をたしかめてから３本のたて芯の１本を切る。たて芯を奇数にするためです

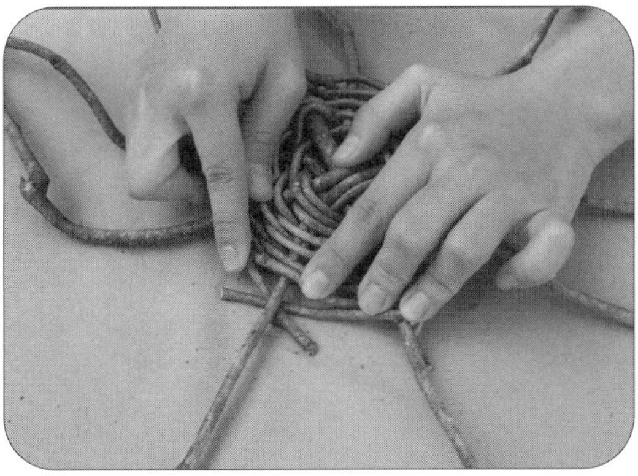

④ ３周目からたて芯を１本ずつ上下と編む。途中で編み芯が足りなくなったらたて芯の下で新しい編み芯１cm交差させて継ぎ足す

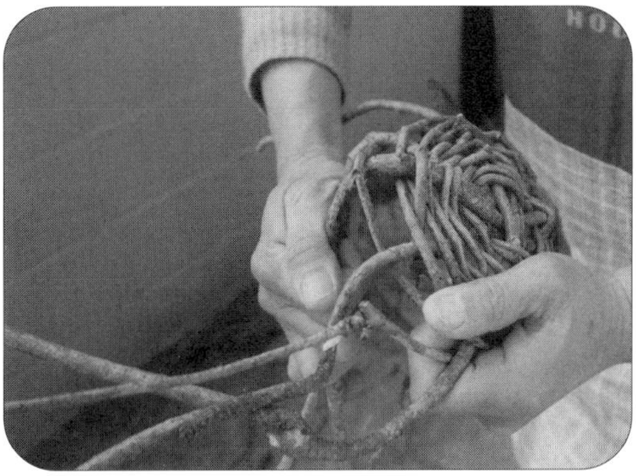

⑤ 底の直径が10cmほどになったらたて芯を立てて、側面を編む

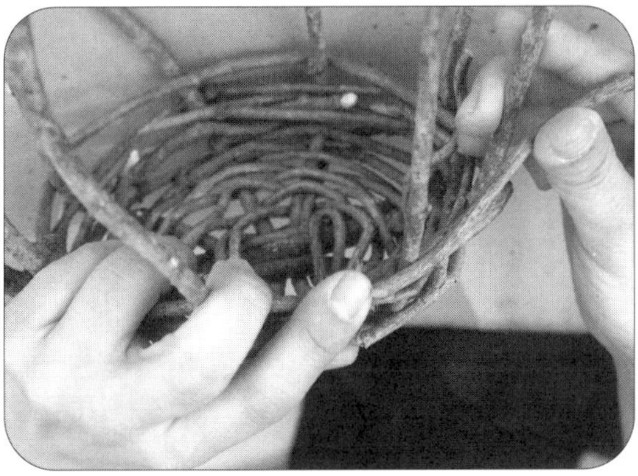

⑥ ざる編みをする

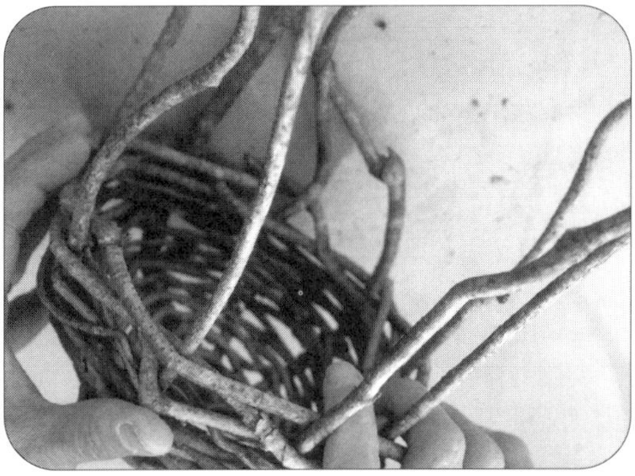

⑦ 深さ６㎝ほど編む

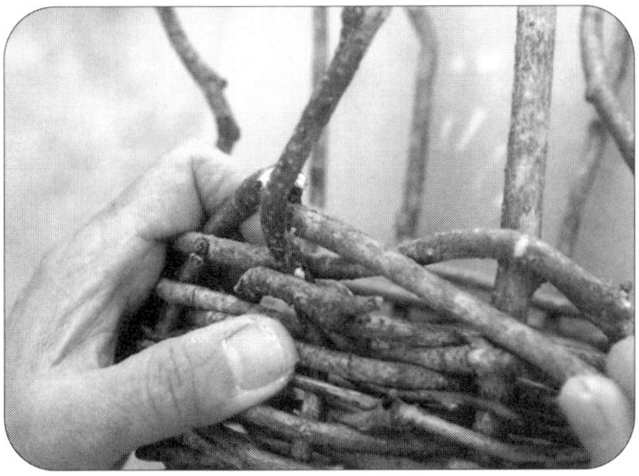

⑧ 縁は、右どなりのたて芯の内側から外に出していく

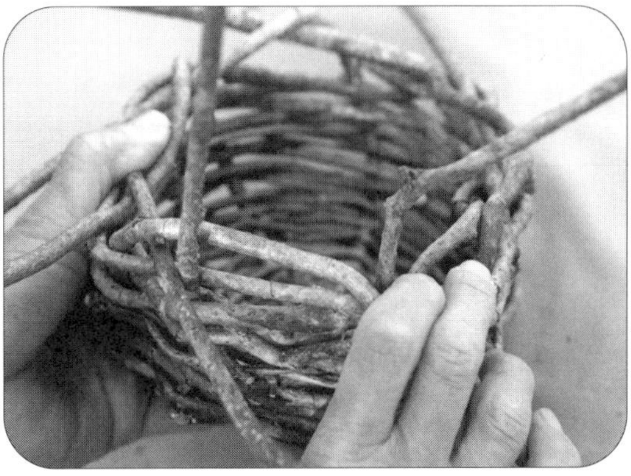

⑨ たて芯がかたい時は、湿らせて柔らかくするとよい

⑩ 最後のたて芯を外に出す

⑪ 右となりの上に通していく

⑫ たて芯はすべて内側に入っていきます

⑬ 最後のたて芯をいれました

⑭ たて芯は２cmほど残して切りそろえる。
全体の形を整えてできあがりです

2　かごと枠の展開

6ひとつの枠とひとつのかごで、二種類や三種類の異なった作品になります。

→作品を展開する。

１本の長いつる（太め）で大、小の輪を３つ以上作り、すわりがよい所にかごをのせる。かごは、１のざる編みや５のみだれ編みのかごです。

口絵　Ｐ９

まわりの枠の所々を細いつるで巻きつけてしっかり固定させます。

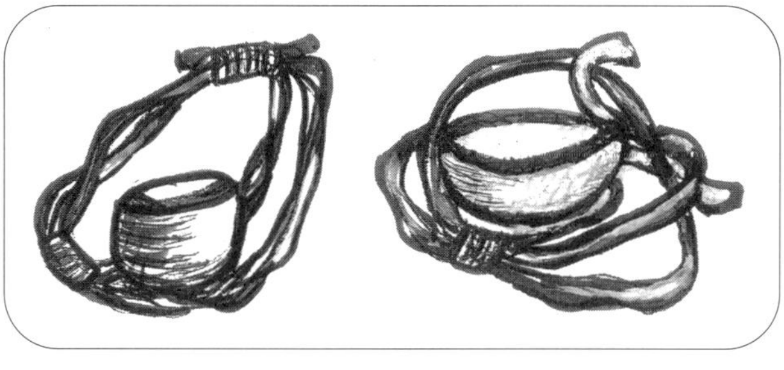

材料：くず　２ｍ　１本（枠）

仕上がり寸法　直経30㎝

高さ20㎝

（Ｐ30の⑩）

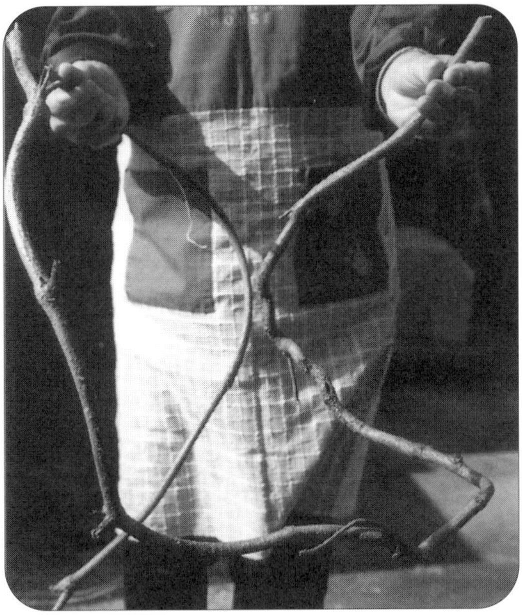

①太くて長い一本のつるがあります

②直径20cmぐらいの輪を描くようにする

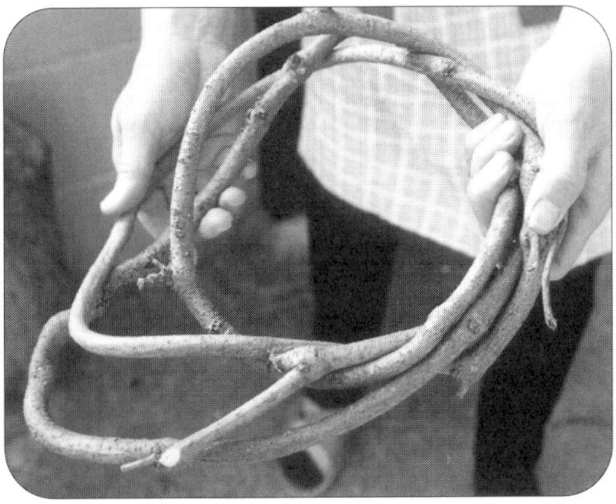

③2、3周して少しずらしながらリングを
つくる

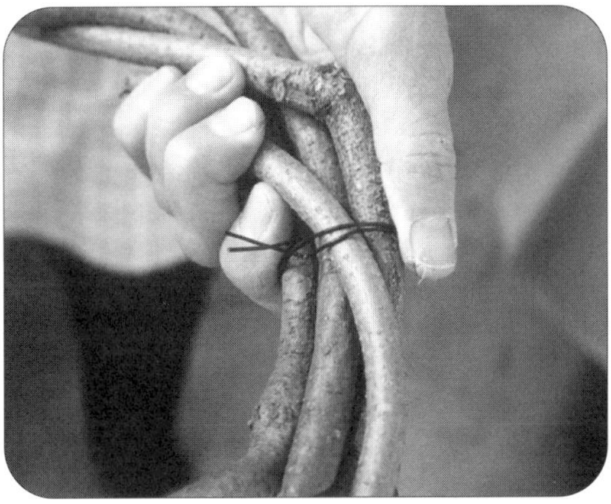

④つるが重なったところを針金で巻く

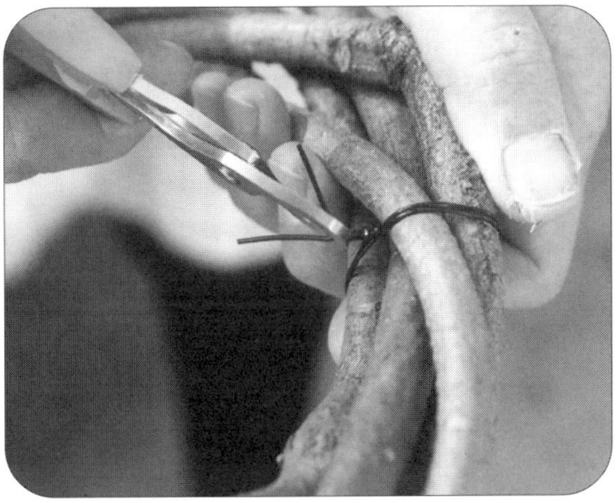

⑤エンマで針金をしっかりしめる

⑥柔らかい細めのつるを針金にさしこんで、
リングを固定するためにしっかり4、5cm巻く

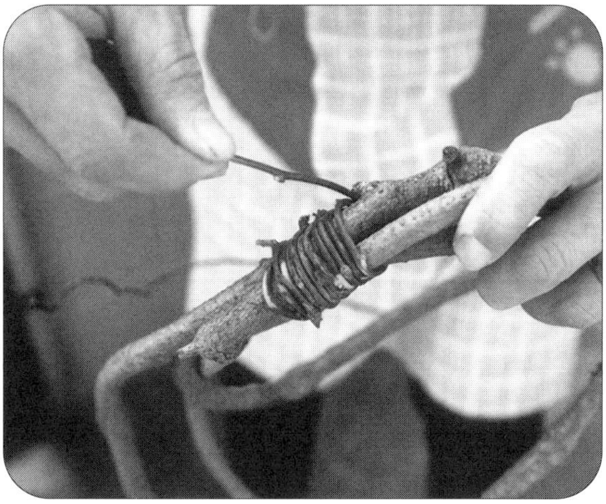

⑦ 針金は巻いたつるでかくれている

⑧ 巻いたつるはリングの太いつるにかけながら、他の重なっているところでまた巻く。止めるときは、巻いたところにさしこむ

⑨ 枠がしっかり固定できました。２カ所固定しました。できあがりです

⑩ 枠の中にデザイン１のかごをのせました。枠の上と下を入れ替えたり、底の部分を側面にすることができます

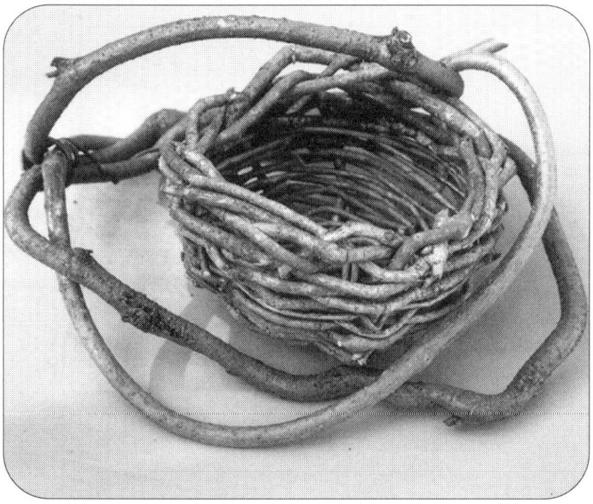

⑪ ⑩の手のところを底（かごの下）にもってきました
→枠の展開……異なった作品になります

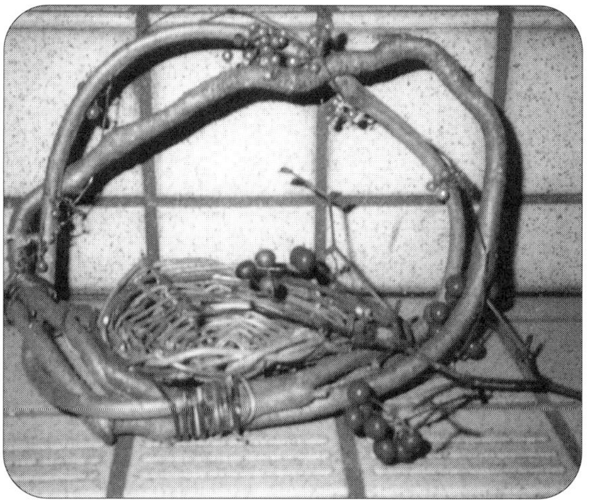

⑫ ⑨の枠でかごをお皿に替えました。
また異なった作品になりました

みだれ編みのかご　口絵Ｐ７

みだれ編みのかごとひとつの枠で展開すると、次のようないろいろな作品になります。

参考作品として

この巻いた所を上にもってきました

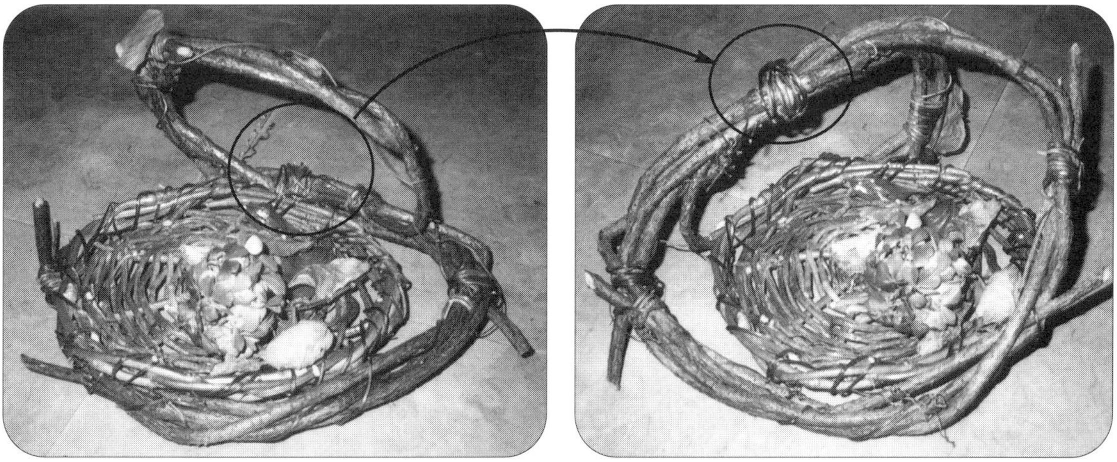

3　かごと枠の固定

１本の長いつる（太め）で、かごのまわりを囲むようにして、かごの中をとおって固定していきます。かべかけにもなります。　口絵　Ｐ２

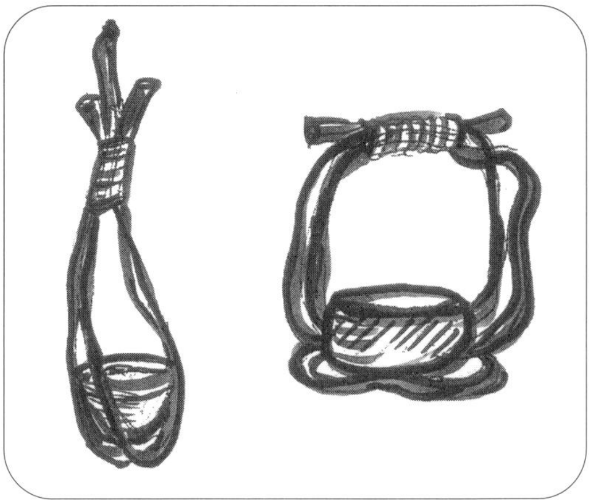

材料：くず　長いつる・２ｍ　２本（手台）
　　　あけび
　　　たて芯　70cm　５本　十字組み
　　　仕上り寸法　横32cm×幅15cm
　　　高さ30cm

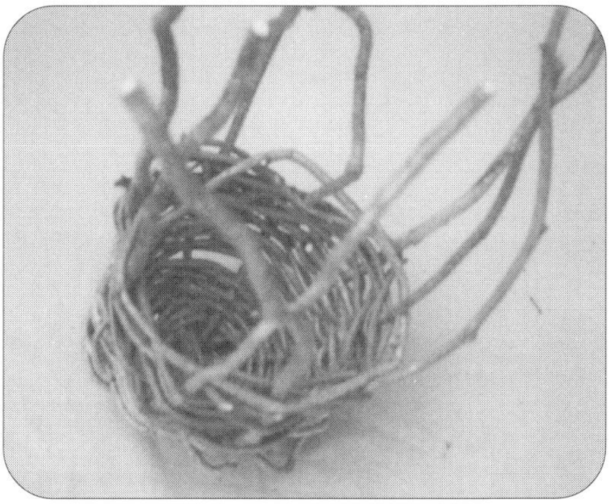

① デザイン１のかごと同じように編みます。
高さは10cmまで編みます

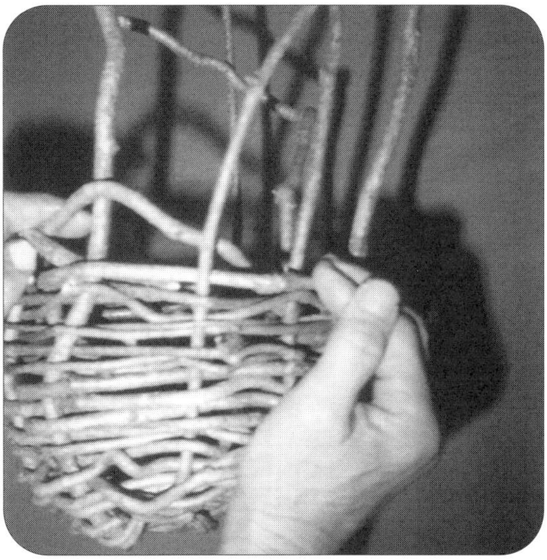

② 縁は、たて芯を右となりに下上下とかけて内側にいれていきます

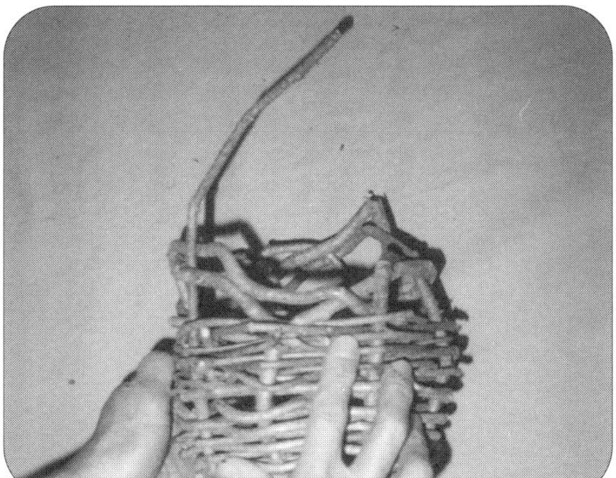

③ 最後のたて芯もかけていきます

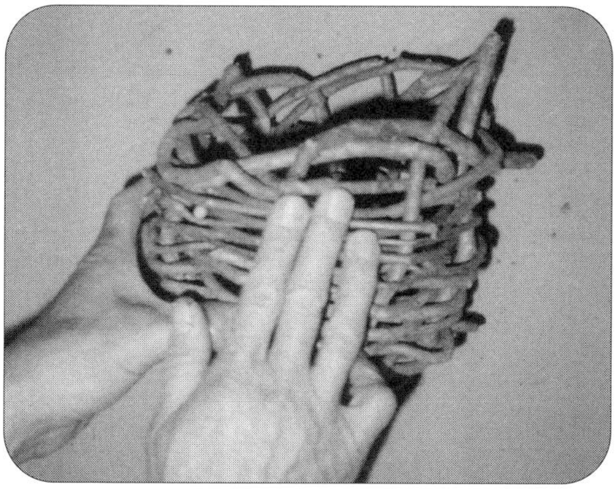

④ 最初のたて芯の下をとおって右どなりのたて芯の上にかけて内側に入れてとめます

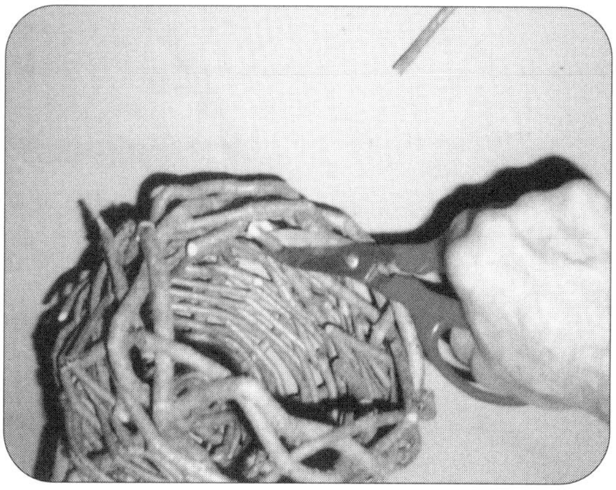

⑤ たて芯は２㎝ほど残して切りそろえる

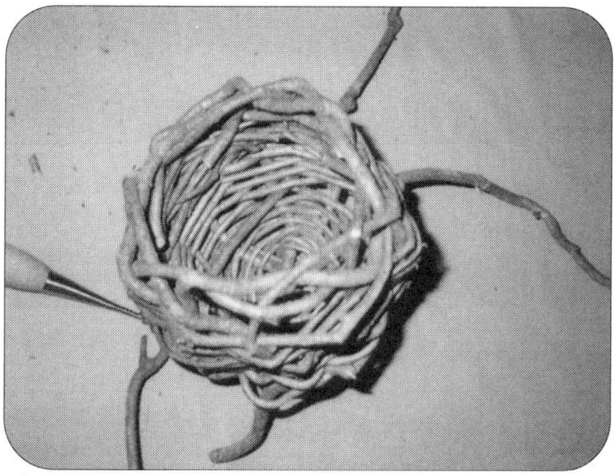

⑥ １本の太い長めのつるをかごの下方のなかをとおして外にだす。かごの手のように大きな円をえがくようにする

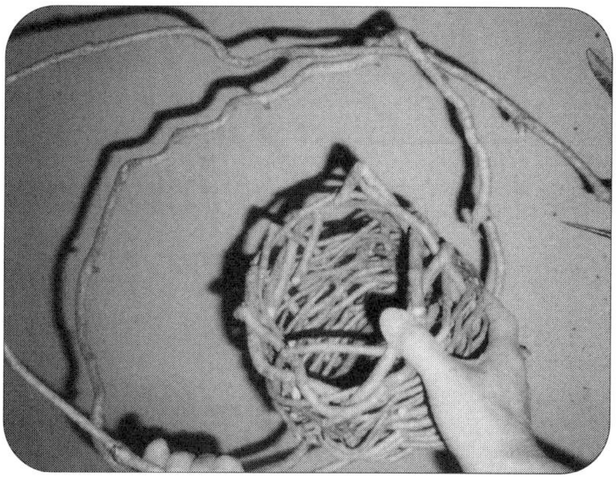

⑦ かごの中を通って出てきたつるをからませる。かごと太いつるをしっかり固定しながら通していく

⑧ 太めのつるでかごの底より少し大きめのリングを作る

一本の太めつるで輪をつくる

⑨ すわりがよくなるように台の上にかごを載せてできあがりです

4　つつがたのかべかけ　　口絵　P８

つつがた編みは、たて芯を束ねて編み上げます。たて芯になるつるは、太くて少し曲がっているくらいのほうが動きが表現できてステキです。

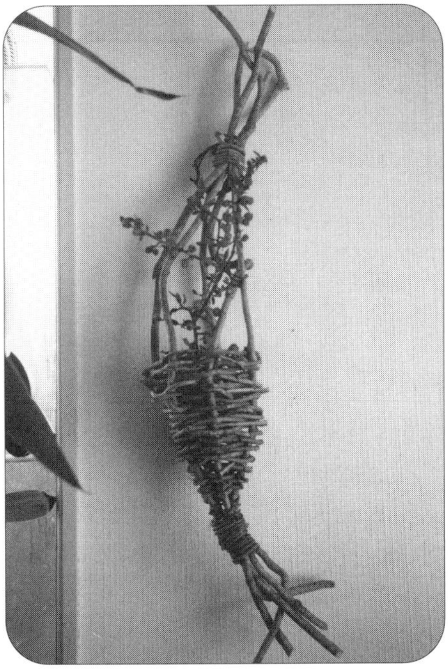

材料：あけび　200g

　　　たて芯　60cm　5本

つつ型編み

仕上り寸法

　　　直径　15㎝

　　　高さ　60㎝

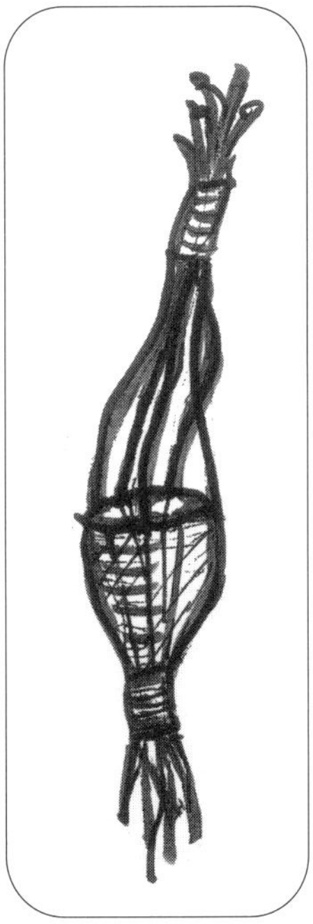

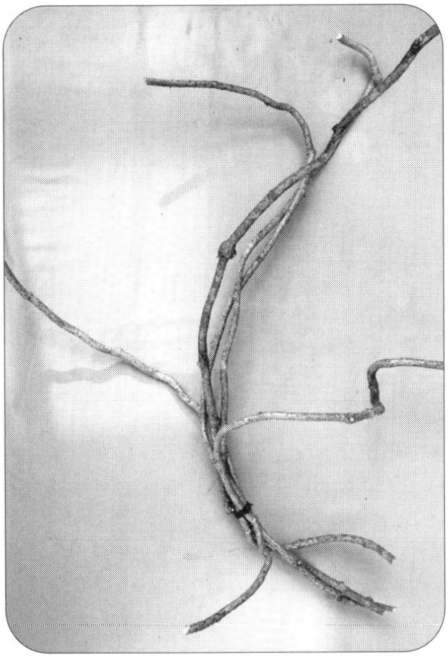

① たて芯５本をそろえて束にし端から10cmぐらいを針金で固定する

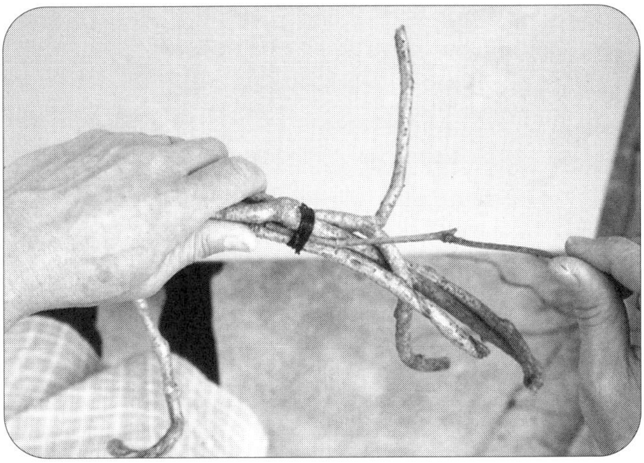

② 細めのつるで３cmほど針金の巻いたところにさしこむ

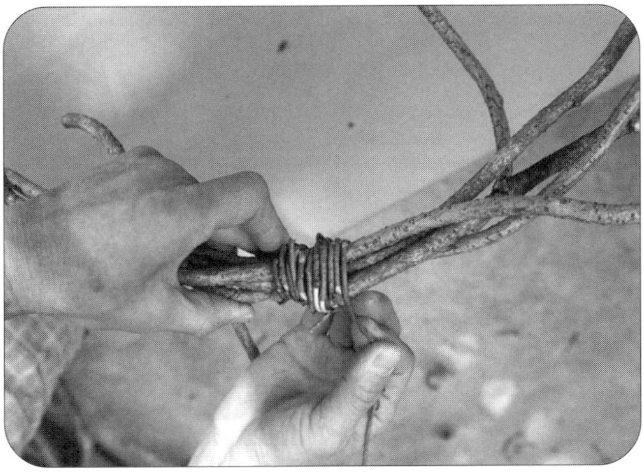

③ 折り曲げて５cmまく。
かべかけの下から上に編み上げる

④ 巻いていた編み芯でたて芯１本どりにして外に広げながら15cmざる編みをする

⑤ 編んでいた芯にもう１本の芯をたて芯の後に２㎝ほど添えて２本縄編み（P59参照）を一周して、右の編み芯をはじめの編み芯にかけてとめる

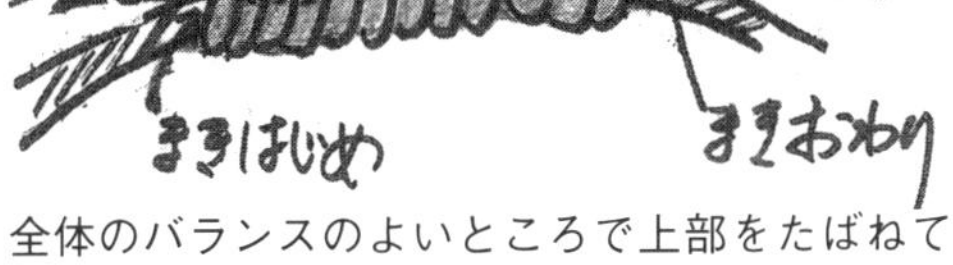

全体のバランスのよいところで上部をたばねて細いつるで巻いて固定する。

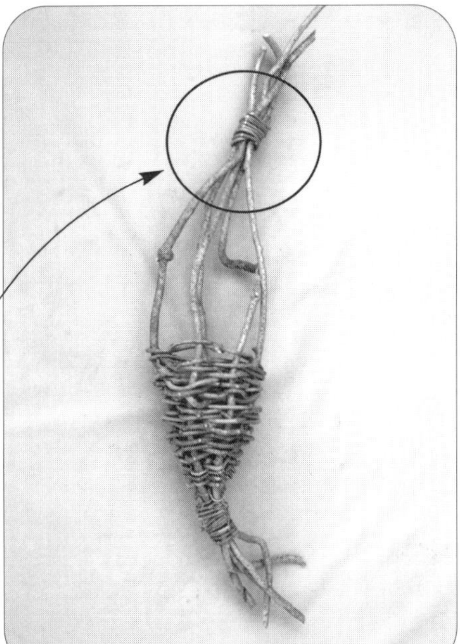

⑥ 編み芯２本は、２cm残して切りそろえる。
上部につり手（リング）をとりつける

5　みだれ編みのかごとかべかけ　口絵　P４

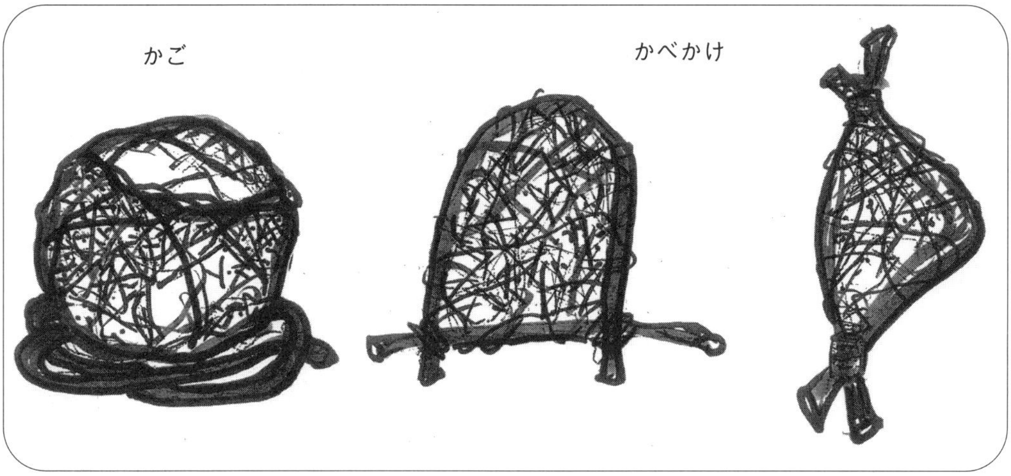

空間をうめて乱れもようになるようにかけてゆく。短いつるも組み合わせます。
へこんでいるつるをもち上げて、出っ張っているのをおさえながら、編みこんでいく。すわりがわるい時は台をつけたりする。手をつけても変化があってよい。

この作品の所々を空間にして仕上げていくと、P39の立体のオブジェと平面のオブジェに展開できます。

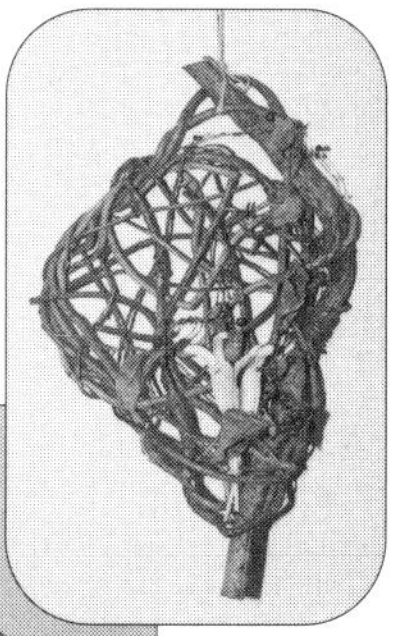

参考作品

かご

材料：あけび
　　　くず

仕上り寸法	高さ	58cm
	横	40cm
	幅	35cm

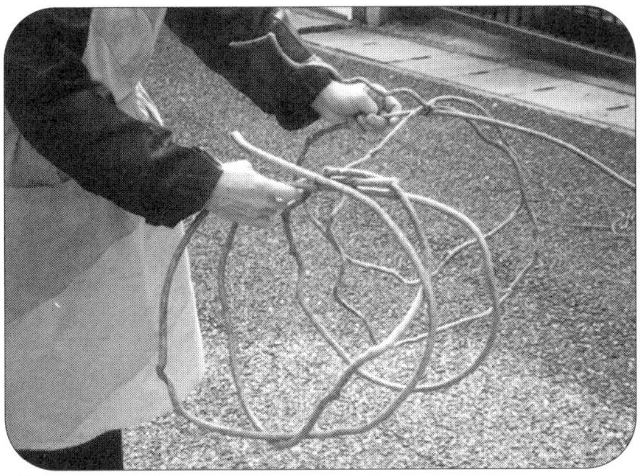

① 太くて長いつるで直径40～50cmを２～３周した輪を２個つくる

② ２つの輪が十文字になるように針金で固定する

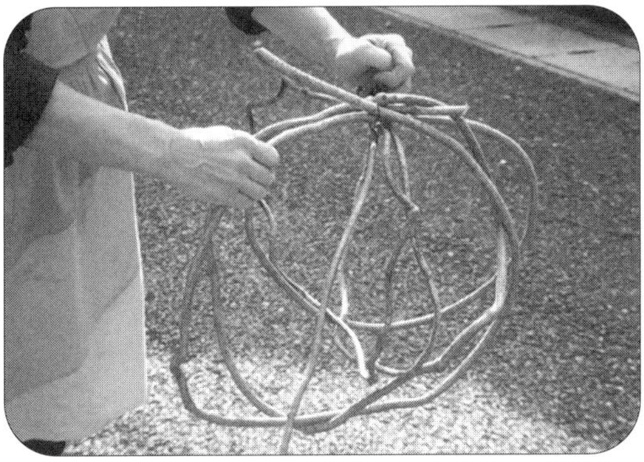

③ 中心どうしが合うようになる

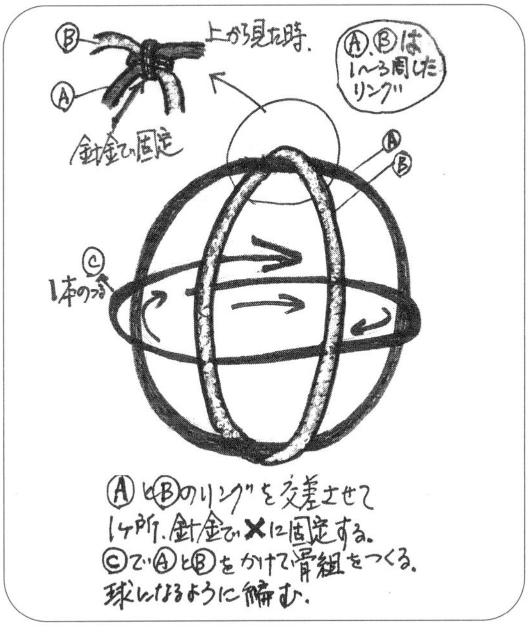

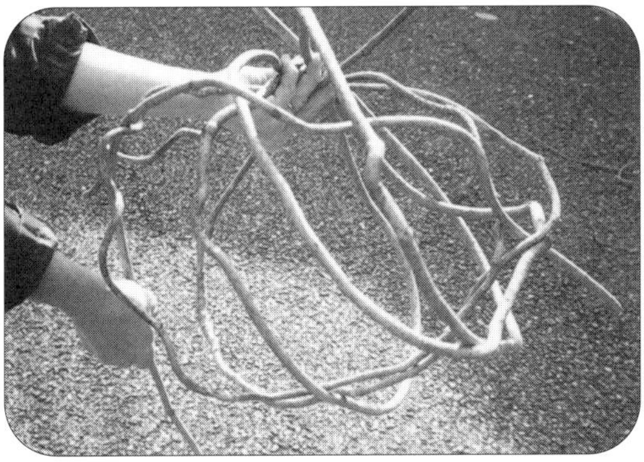

④ 別のつるで、側面を囲むように２つの輪に下上下……と編みこんでいく

⑤ 空間をうめるようにかけていく。針金で何ヶ所かとめる

⑥ へこんでいるつるは持ち上げて、ういているつるは押さえながらさらにかけていく。開きをきめて、手になるつるを外に大きくわたす

⑦ かごを編みながら手のほうにもかける

⑧ 全体の形をきめながらかけていく。
針金を外す

⑨ 上部の口のところにつるがきたときは
折り返す場合もあってよい

⑩ 手はさらに、巻きつけてしっかりさせる

⑪ 手を巻いたつるはかごに編み込む

⑫ さらに編み込み、そこのすわりが自然に
落ちつくように形を整えてできあがり

6　平面のオブジェ・立体のオブジェ　口絵　Ｐ６（平面）・Ｐ４（立体）

太いつるで枠をつくります。中をつるでうめていきます。（写真右下のように）空間が、色々な形でうまっていきます。所々を、みだれ編みやざる編みで編み込みます。つるばかりではなく麻ひもなどもつかいます。

平面の作品はかべかけになり、花や色紙をかざったりできます。

立体の作品は中に花をおいたり、明かりをつけて照明器具にもなります。

平面のオブジェ

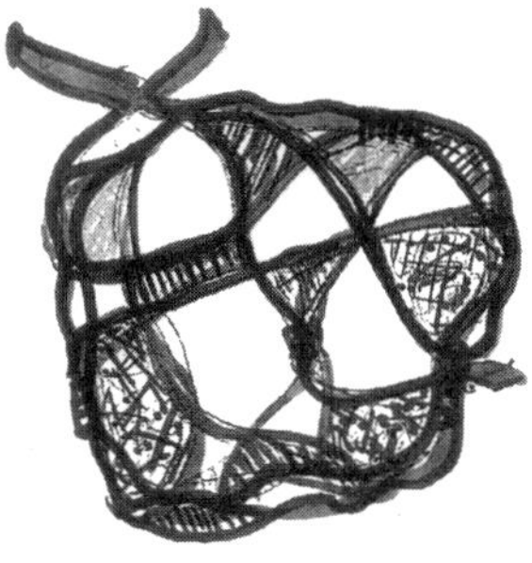

立体のオブジェ

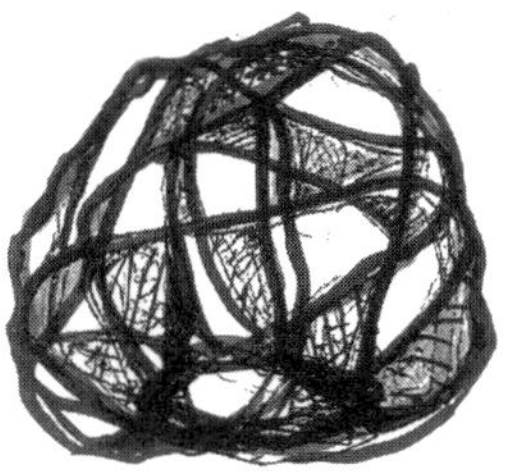

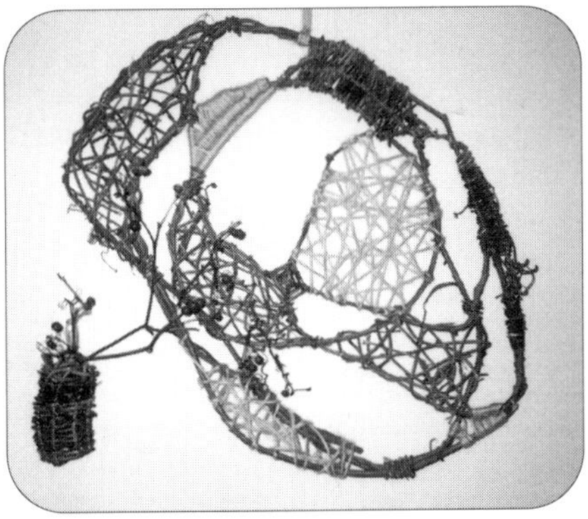

平面のオブジェ

息吹　口絵Ｐ６

材料：野ぶどう　あけび　麻ひも

小かご　あけび

たて芯　38cm　４本　編み芯 50g

十字組　１本どり

仕上り寸法　横55cm　縦50cm

① 骨組みにするぶどうのつるを大きく輪にする。

② 中の空間をうめる。みだれ編みのようにかける。

③ つるが交差したところは、針金で留める。

④ ひとつの空間が複数になる。

⑤ 大きさがさまざまな空間をところどころ埋める。

⑥ つるで折り返し編み、つるでみだれ編み、麻ひもの折り返し編み、麻ひものみだれ編みをいれる。

⑦ 交差は升目編み（Ｐ64参照）でとめたり巻いたりして固定する。この時針金は見えないようにする。

⑧ 小かごは自由にセットする。（どこにでもとりつけられるようにする）。

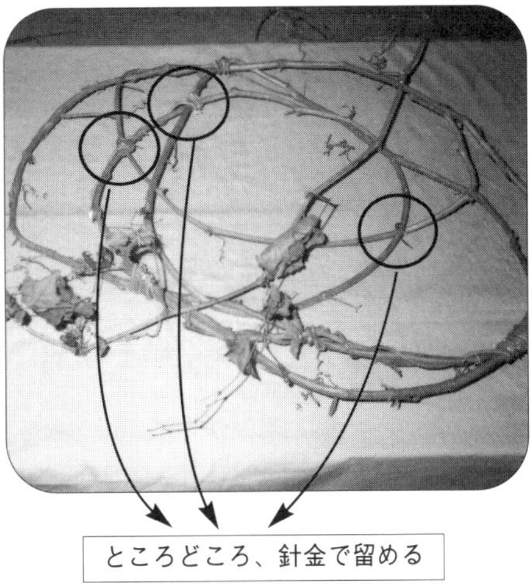

7　たて芯を持ち手にする　口絵　Ｐ５

かごは、円、だ円、角型などで、ざるあみの最後は、２本縄編みを１周してとめる。
前と後になる個所は２本縄編みのうえ、たて芯を１cmほどで切る。
残ったたて芯を、右、左、両側から中央に向けて交差させ固定し、つるで巻きつけてとめる。持ち手やつりかごのつり手になる。
底のすわりが悪いときは台をつくってのせるとよいでしょう。

材料：つづらふじ
たて芯　90cm　６本
編み芯　200g

十字組み　　１本どり
仕上り寸法
　直径　15cm
　高さ　35cm

① ３本、３本を、十字に組む。２周してたて芯を１本切って奇数にする。
② ざる編みで直径14㎝ほど編む。
③ たて芯を立てて高さ15㎝編む。
④ ２本で縄編み（Ｐ59参照）を１周し、止める。たて芯は２cm残して切ります。
⑤ たて芯は、かごの中央前に２本、後に１本、１cm残して切る。
⑥ 残ったたて芯８本を、４本ずつ中央あたりに両方から持ち上げて束にして、細いつるでまいて止める。かごの持ち手になります。手は、好みの長さにします。（Ｐ35参照）

8　一輪ざし　口絵　Ｐ８

細いつるで六目組みのかごを編む。中には、竹の筒をいれる。

竹筒（直径2.5cm　長さ18cm）

材料：バゴバゴ　80ｇ

たて芯　160cm　１本

80cm　５本

六角かご目編み

仕上り寸法

直径　６cm

高さ　30cm

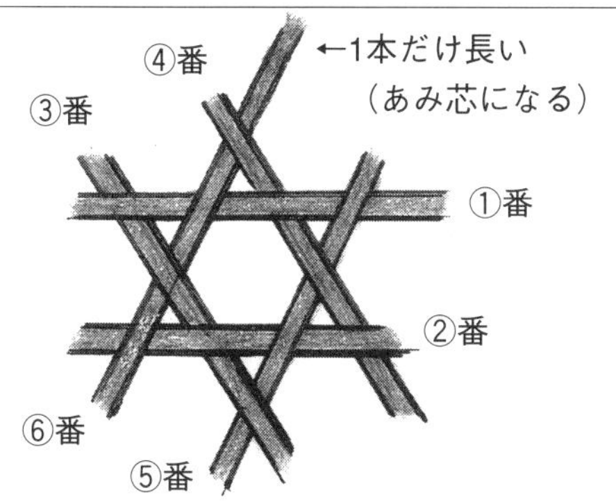

底の組み方

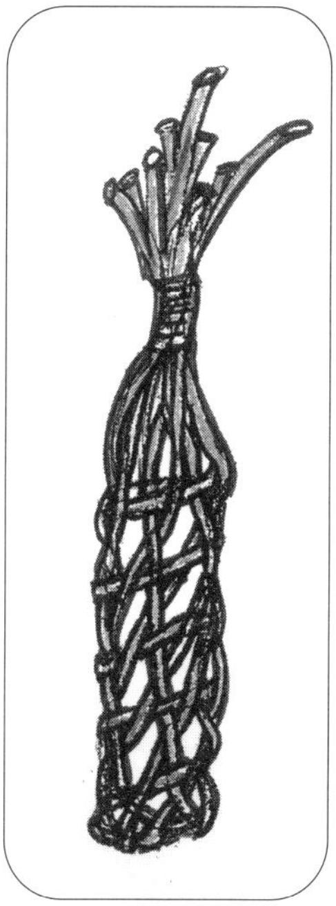

①　バゴバゴの中心をしるす。

②　１番～５番、６番（長い１本）と中心をあわせて、六角形に組む。

③　六角形は、できるだけ小さくする。中心から片方38cmになるようにする。

④　細い針金でこの六角形が、ゆるまないように固定する。

⑤　バゴバゴを立ち上げ、長い１本で六角形をつくりながら編む。

⑥　１段目の最後は五角形になります。

⑦　２周目からは、六目模様になり、真っ直ぐに４～５段編み、竹筒をかごの中に入れてさらに２段、筒にそうように編む。

⑧　バゴバゴ12本を、細い皮籐で３、４回巻いて縛り、むすぶ。

⑨　余分なバゴバゴは好みの長さに切りそろえます。

9　舟形のオブジェ

太めのつるで大きな輪を２つ以上つくり、手になるところは、束にして細めのつるでしっかり巻きつけておく。

底になる部分は、A、みだれあみ、B、角底（輪の間にたて芯をさしてたす）、C、たすきかけ（短いつるをたて芯に交差させる）D、かごを載せるなどとします。すわりの悪いときは、台（リング）を作ってその上に載せる。小ぶりで壁面に添う時は、かべかけにもなります。

A、みだれあみ　口絵　P３

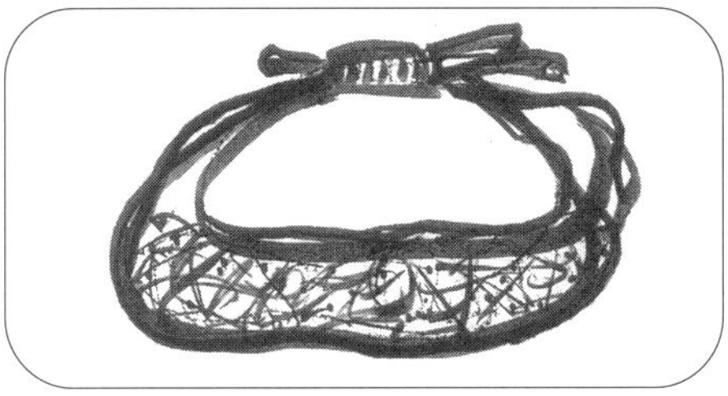

周りの枠よりは細めのつるで、底になるところをみだれ編みでうめていく

B、角底　口絵　P７

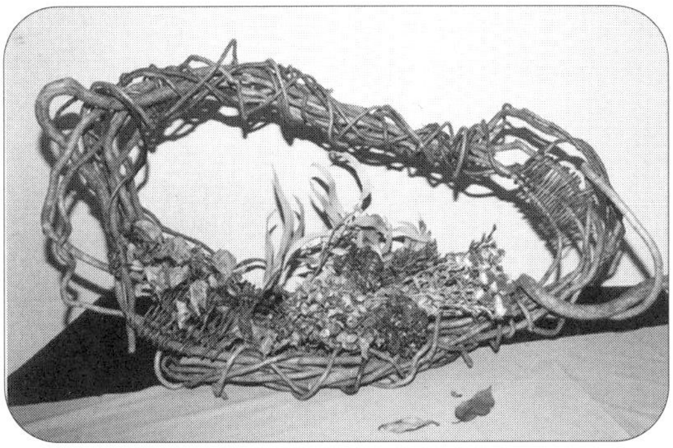

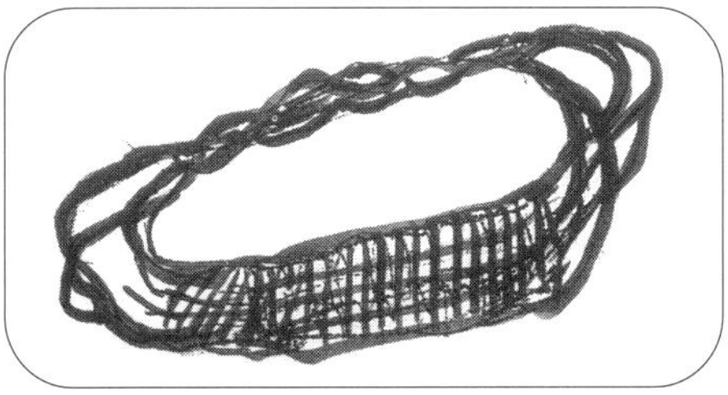

底の部分に枠と平行に３～５本たて芯をさしたり加えたりして、編みやすい間隔を作り、折り返し編みをする

C、たすきかけ　口絵　P２

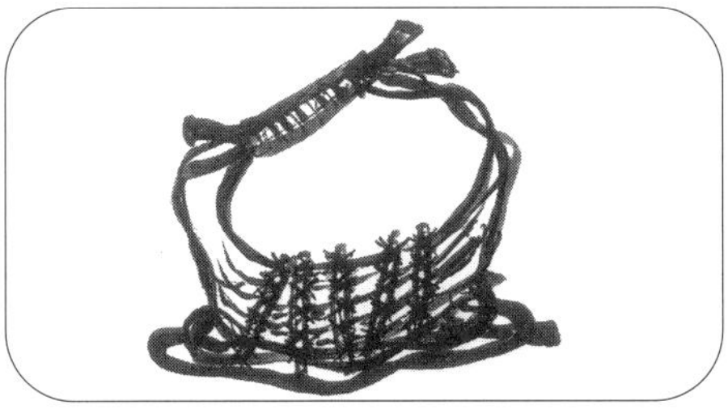

Bの角底のようにたて芯を置き、短いつるをこまかく（複数）たて芯に交差させ、編みやすい細いつるでたすきにかけ、固定していく

D、かごをのせる　口絵　Ｐ８

かごは、１のざる編みのかごです

材料：くず（太めの長いもの）３ｍ　１本

仕上り寸法

横　48cm

幅　20cm

高さ　48cm

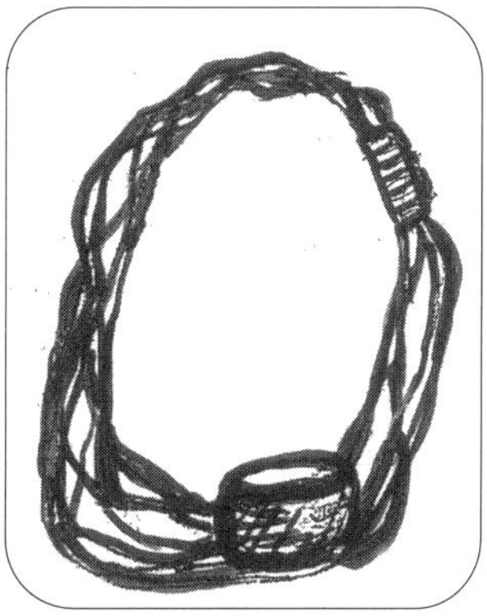

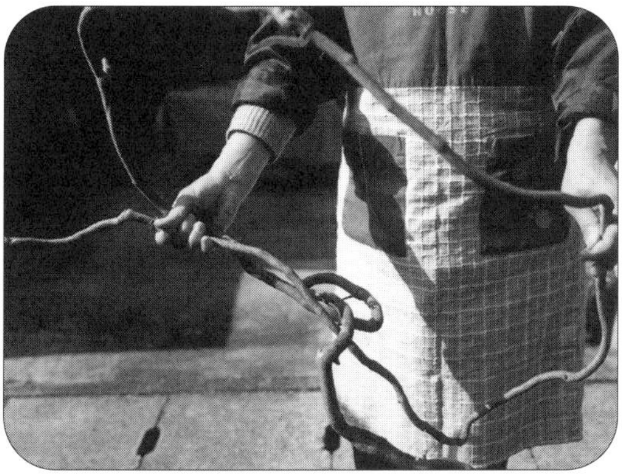

① 太くて長いつるがあります。曲がっていてもそのまま作品に取り入れましょう

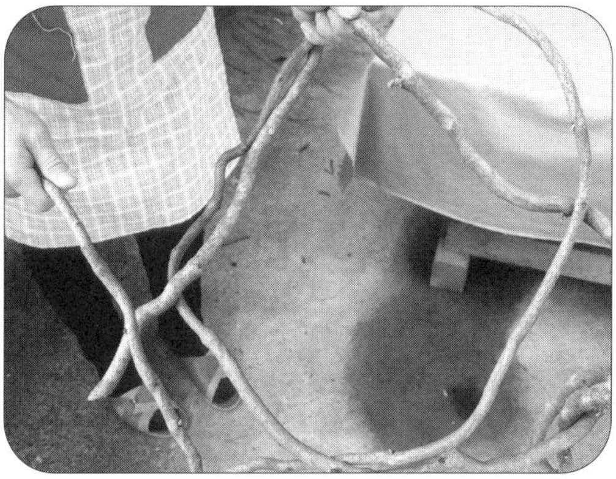

② 大きく輪をえがき２～３周する。もとのつるにかけながら巻いていく。
底をあけてすわりよくしておく

③ つるとつるが交差しているところ（針金で２周巻きエンマでしめる）は、細いつるでしっかり巻いて固定する。底にかごをのせてできあがりです。
かべに添うようにわくを少し押さえればかべかけにもなります

10　リース類、小物、ミニかご、ベル、ながぐつ、ブローチ、ウエストポーチ　口絵　P16

リング（つるを輪にしてとめる）

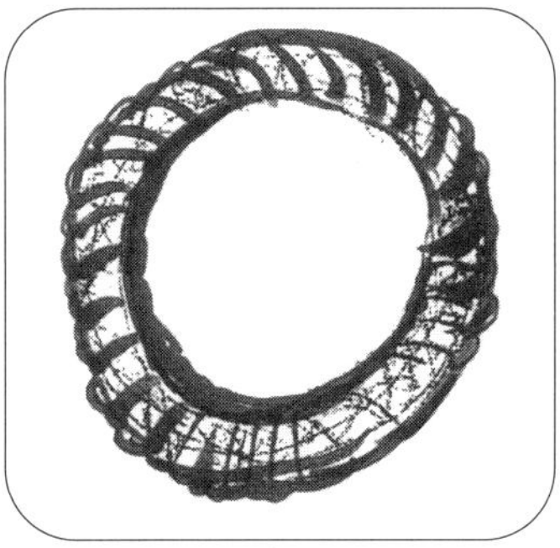

細いつるでぎっしりまいてつくる

一本の太めのつるで輪をつくる

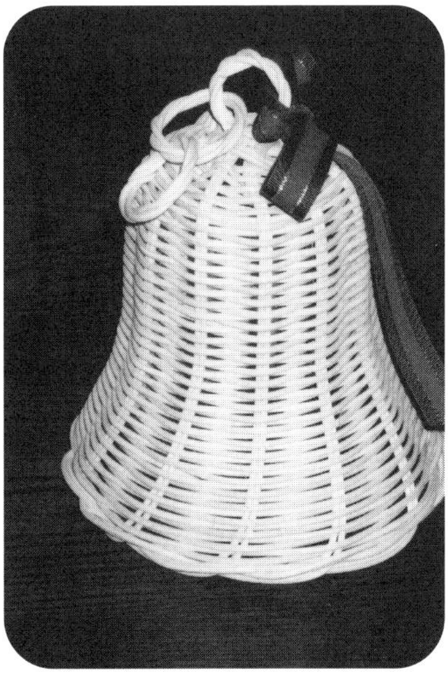

ベル

材料：籐　丸芯	2.0mm	
たて芯	50cm	11本
編み芯	30g	
十字組み	2本取り	
リボン	45cm	
仕上り寸法	直径　12cm	高さ　12cm

リングの編み方

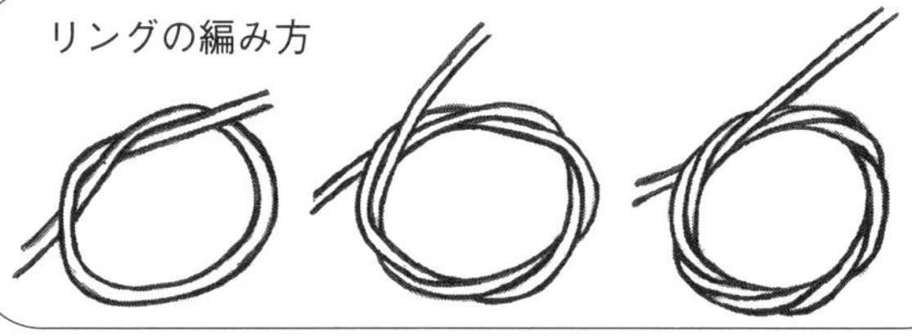

①　たて芯５本を横、６本を縦に置いて十字に組む。

②　柔らかい編み芯を３cm折り曲げて左のたて芯５本を輪にかけて下上下上と２周する。

③　３周目からは、たて芯を２本どりにして編み進む。

④　直径５cmほど編み、たて芯を立てて、少し外開きに５cm編む。

⑤　その後、もっと外に開いて４cm編む。

⑥　縁は、内高縄止めをし、直径２cmのリングを３個（イラスト参照）をつける。

⑦　リボンを付けてできあがりです。

内高縄止め

バゴバゴのながぐつ

材料：バゴバゴ　　たて芯　100cm　８本
　　　　　　　　　編み芯　400ｇ
　　十字組み　　１本どり

仕上り寸法
　　底　　長さ　28cm
　　　　　幅　　20cm
　　　　　高さ　30cm

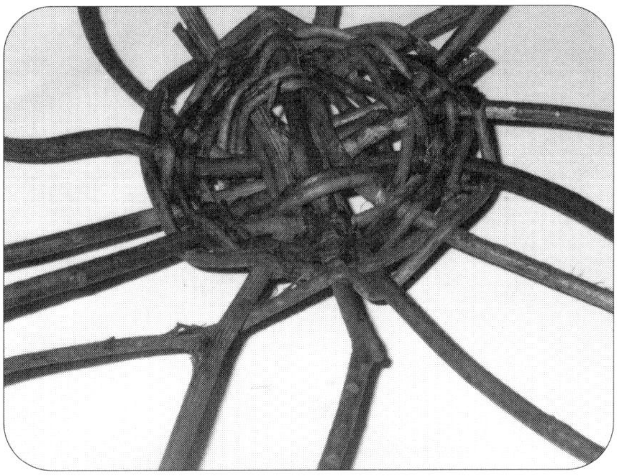

① たて芯を、４本、４本十字に組んで、直径10cmざる編みする。継ぐときはたて芯の下で新しい芯を２㎝ほど交差させる

② 中心を２本決めて、１、３、５、と折り返し編みをする

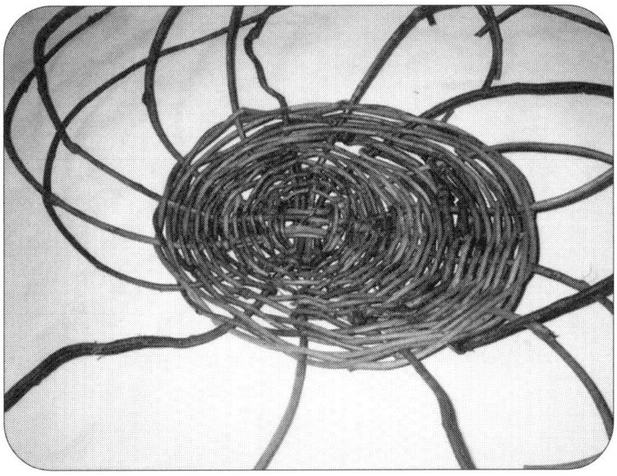

③ つま先になる方は、あと２回折り返し編みをして、ざる編みを２周ほどする。25cm×18cmくらいで、２本縄編みを１周してとめる

④ うらがえして継ぎ目は１cmに切りそろえる。たて芯をエンマでかむ

⑤ たて芯を立てて深さ５cmざる編みをする

⑥ つま先の中心から１、３、５、と折り返し編みを５回する。自然にたて芯がカーブします

⑦ 全体のたて芯をたてながらざる編みをする

⑧ 上部が少し外に開くようにさらに編みます。編み芯が乾いてきたら霧吹きで吹いて湿らせる

⑨ 高さ29cm編み、１本編み芯をたて芯の後に１cmほど添えて、２本縄編みを１周する。（P59 参照）
右の編み芯を前周の編み芯に向こうから手前にかける。外に出た編み芯２本は１cm残して切る。たて芯は、２本縄編みから５㎜のところで切ります。
全体の型をととのえてできあがりです

ぼうしのブローチ

籐　丸芯　　2.0mm

たて芯　20cm　6本

編み芯　15g

仕上り寸法

直径　5cm

高さ　1.5cm

① たて芯3本3本を十字に組み、2本縄編み（編み芯を1本輪にする）で、2周編む。
② たて芯1本どりで追いかけざる編みを、直径2cm編み、たて芯を立てて深さ1cm編む。
③ 2本縄編みを1周し、止めて編み芯を5mm残して切る。木工用ボンドをつけておく。
④ たて芯は2mmほど残して切りそろえる。リボンをつける。

小かごのブローチ

籐　丸芯　2.0mm　　たて芯　3cm　4本　編み芯　10g

仕上り寸法　　横　3cm　　縦　6cm

たて芯4本を、1cm間隔で固定する

① 編み芯で3㎝折り返し編みをする。
② たて芯を切りそろえて（手は 丸芯2.5mm、10㎝）両サイドに1cmさし込んで木工用ボンドをつける。編みはじめもボンドをつける。

かんざし

籐　丸芯2.5mm

編み芯　150cm　1本

丸芯（5mm）10cm

仕上り寸法

直径　2.5cm

長さ　10cm

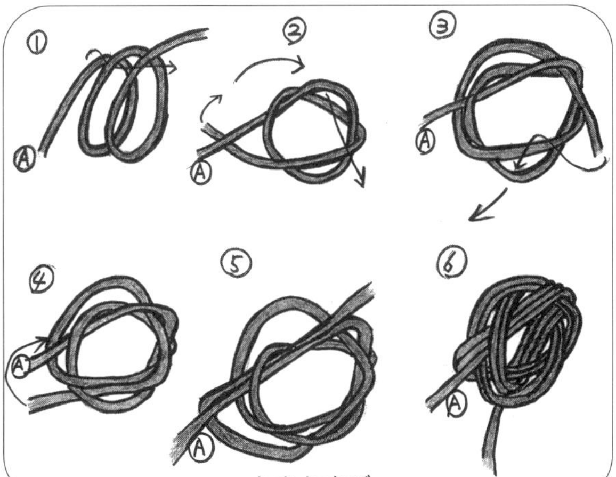

たまむすび

① たまむすびを作る（5周する）。
② 丸芯をできあがったたまむすびに通す。先を斜めに切ってもよい。
③ 丸芯が接するところに、木工用ボンドをつける。

11　手つきだ円かご　　口絵　P２

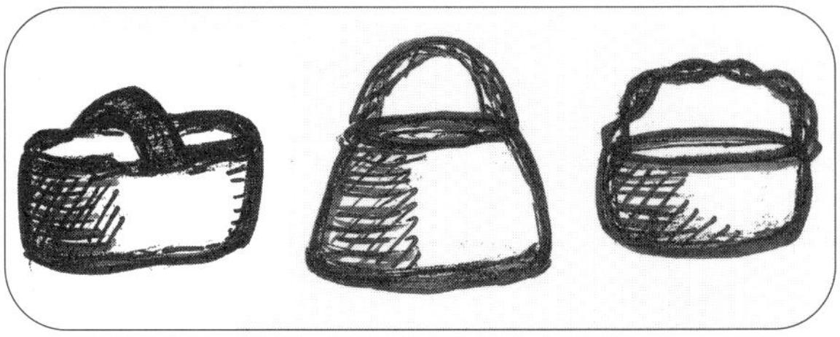

材料：バゴバゴ
たて芯　　90cm　３本　　80cm　7本
編み芯　　200g
仕上り寸法　底　28cm × 13cm
　　　　　　高さ26cm

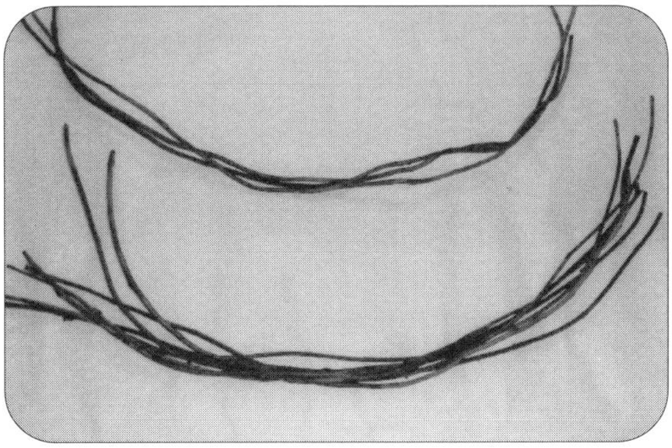

①たて芯３本と７本です

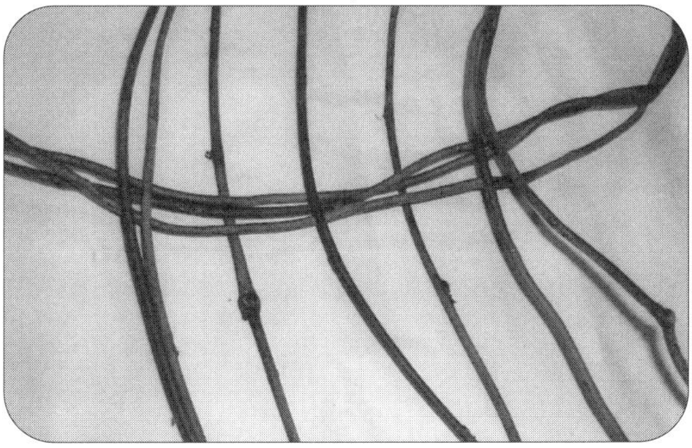

②横に３本、縦に７本を、だ円に組む

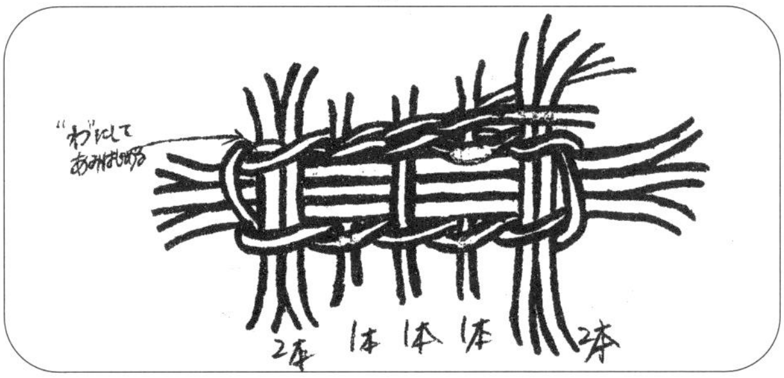

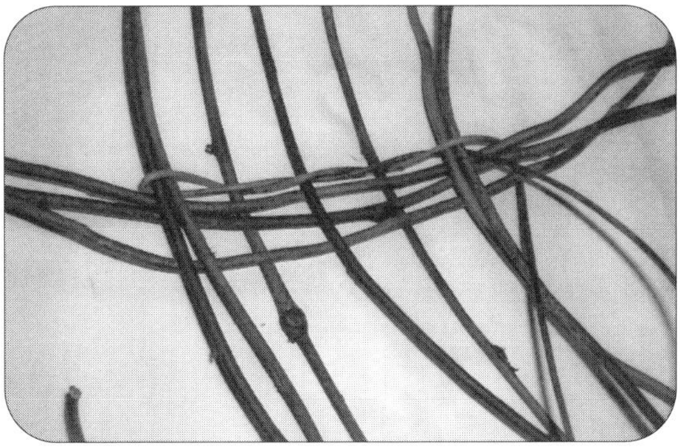

③１本の編み芯を輪にして、左はしのたて芯から２本縄編みを編む

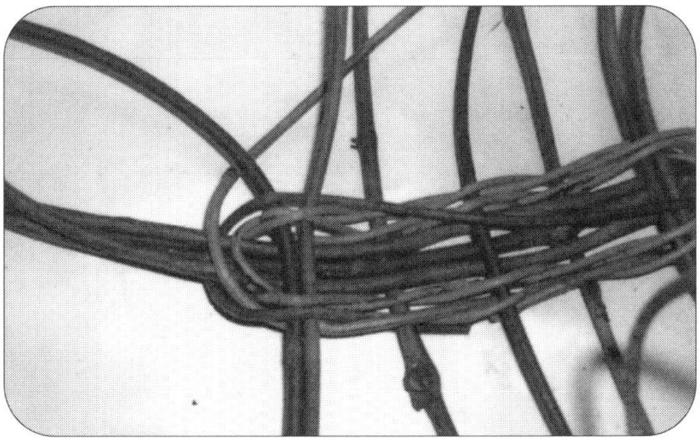

④２本縄編みを２周したのち、２本の編み芯でざる編みをする。→追いかけざる編み

⑤ 曲線のところはたて芯をきれいにひらくようにする

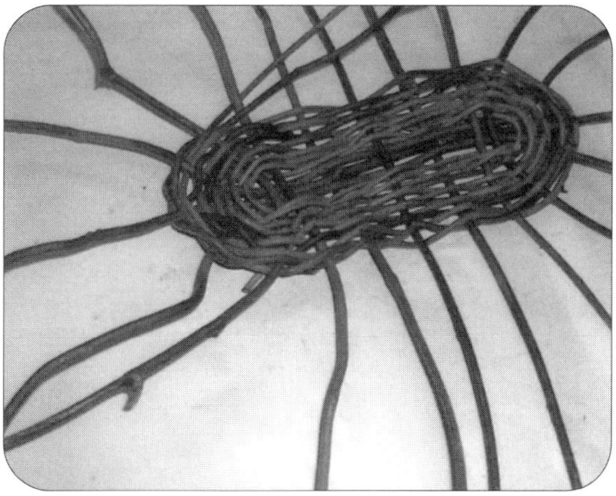

⑥ 追いかけざる編みを、幅10cmほど編む

⑦ 底の周りは、２本縄編みを１周して、０、１と、とめる。編み芯は、１㎝のこして切る

⑧ エンマでたて芯をかんで、立てる

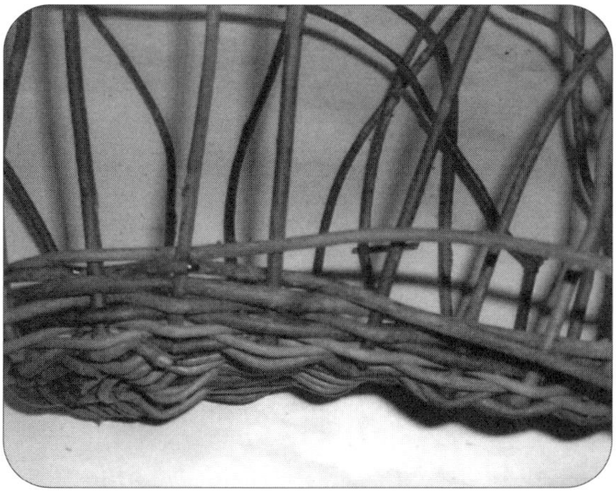

⑨ １本の編み芯を、輪にして追いかけざる編みをする

⑩ たて芯の間隔がだいたい同じようになっているか、まっすぐ立ち上がっているか、確かめながら高さ13cm編む

⑪ 2本縄編みを、1周して、0、1、ととめる。
編み芯は、1cmのこして切る

⑫ 縁は、下上下上下と右にたて芯をまげて止めて
いく

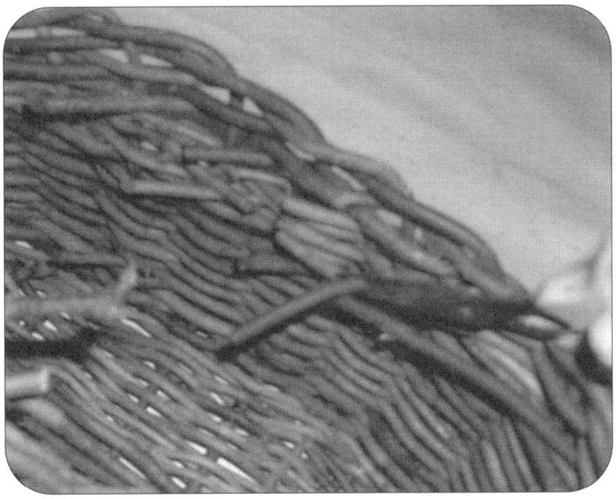

⑬ 内側でたて芯は2cmのこして切りそろえる

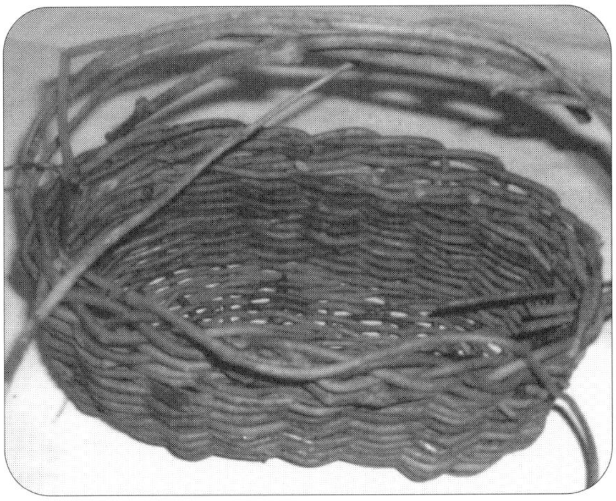

⑭ 長い細いつる5〜6本で、手をつける。
束にして手の芯をつくる

⑮ 間隔をせまくしてしっかり巻く

⑯ 手を巻いてきた芯は、外側から内側に入れて2cm
ほどのこして切る

12　木の葉編み　口絵　P10

A、枠の数を増やす

葉模様菓子皿６枚

大皿　周りに太めのつるをそえて時々編み込むように固定していく。

材料：あけび、たて芯　100cm　４本　編み芯　150ｇ

太いあけび　90cm　１本

仕上がり寸法　横　42cm　　縦　25cm

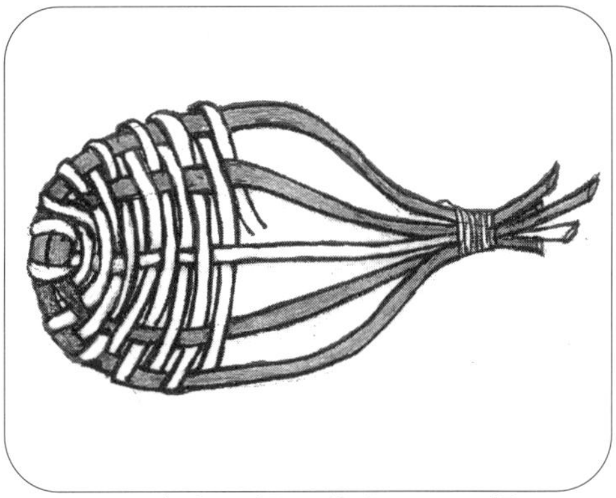

① たて芯4本を輪にして、木の葉型になるようにして中心に編み芯をかけて縁にわたして上下と編む。おり返し編みをすることになる。編み芯の先は菓子皿の中央のたて芯になる。

② ３段目から両端のたて芯を１本ずつにして編む。たて芯は９本になる。

③ 12cmほどは広げるようにする。太いあけびを外側に添える。

④ たて芯の外側に編み芯がきた時、太いあけびといっしょに５周巻く。こうして太いあけびを固定します（５ヶ所)。曲がっているところはそのまま添えます。作品に動きが出ていいのです。

⑤ かたちをつくりながらたて芯を中央に寄せて編み込む。

⑥ 間隔が狭くなるので、たて芯を２本どりにする。中央のたて芯は切る。

⑦ 木の葉のくきのように編み、編み芯を折り曲げてさし込む。

⑧ まわりの太いあけびはくきの下で交差をさせて切ります。

小皿　たて芯２本で木の葉に編む。

材料：あけび　40cm　2本　　編み芯　50g

仕上り寸法　　横　17cm　　縦　10cm

＊皿の中央のあたりは少しへこむように指で押さえながら編んでゆく。

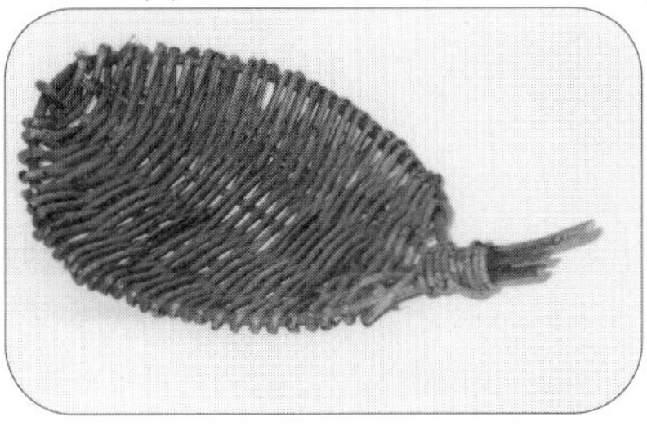

大皿と同じように、たて芯2本で木の葉になるようにかたちを作りながら、折り返し編みをする。
最後は、たて芯5本を束ねて7～8周し3cm折り曲げてさし込んで、裏に出し１cmのこして切る。

Ｂ、中心の芯に、さし芯をしてたて芯を増やす

材料：ふじ（太めで130cmくらい）　あけび　編み芯　200ｇ

仕上り寸法　　縦45cm　横35cm

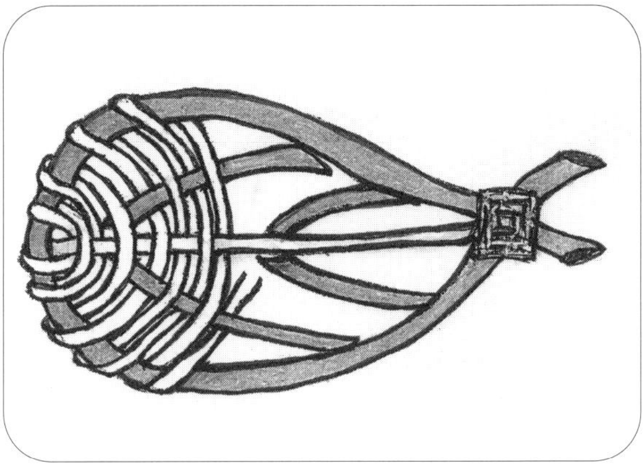

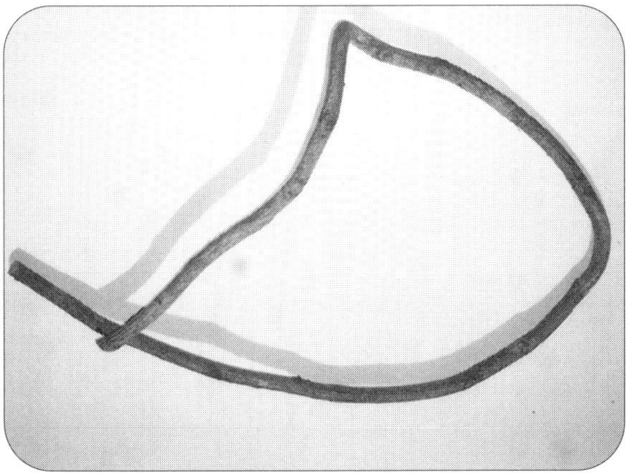

①太いふじつるでかたちをつくる
（やわらかいうちに）

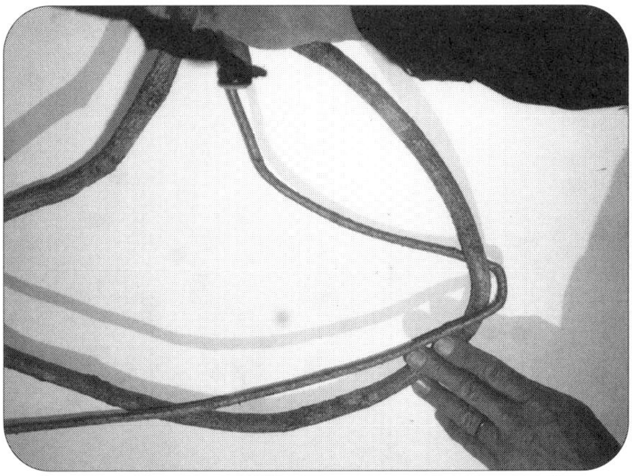

②真中に編み芯をかける。中の芯はたて芯になる

③折り返し編みをする。たて芯は３本です

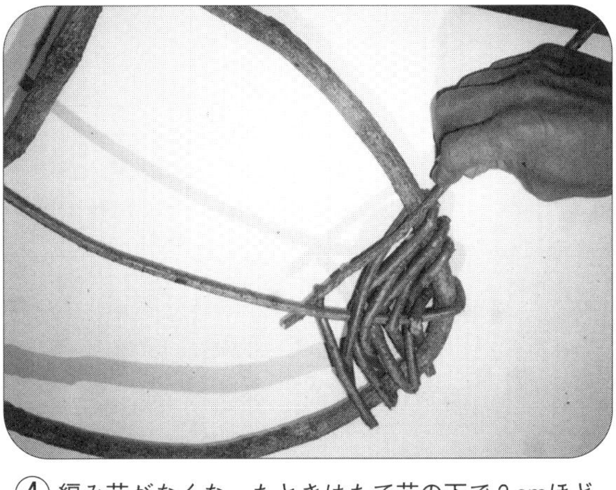

④編み芯がなくなったときはたて芯の下で２cmほど交差させて編む

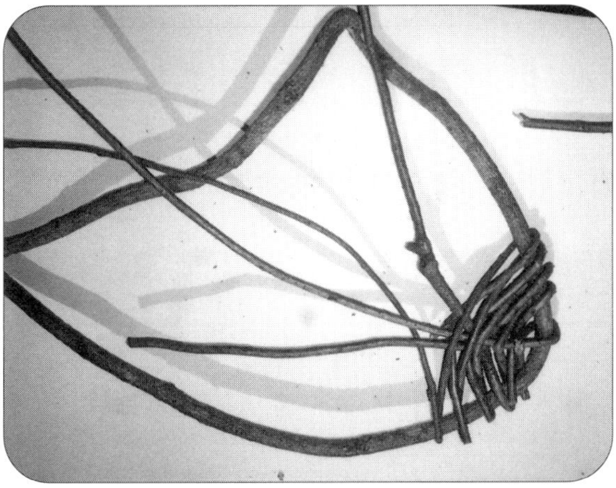

⑤ 中央のたて芯の両側にさし芯をする。（さし芯の切り口はななめに切る）

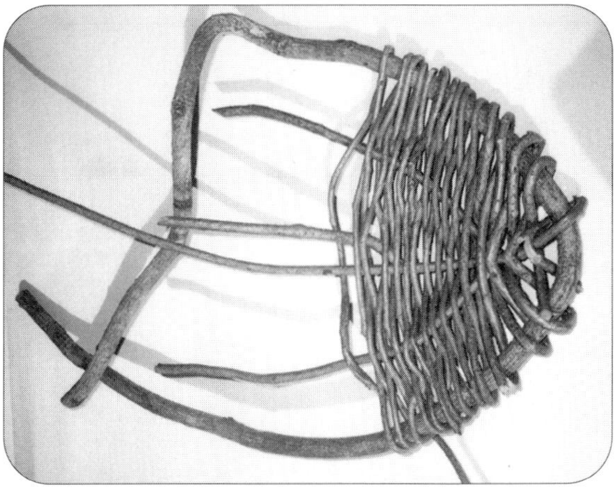

⑥ たて芯が５本になりました。まんなかあたりを少し押さえてへこむように編みます。たて芯の間隔が広くなった箇所に、さし芯を１本します

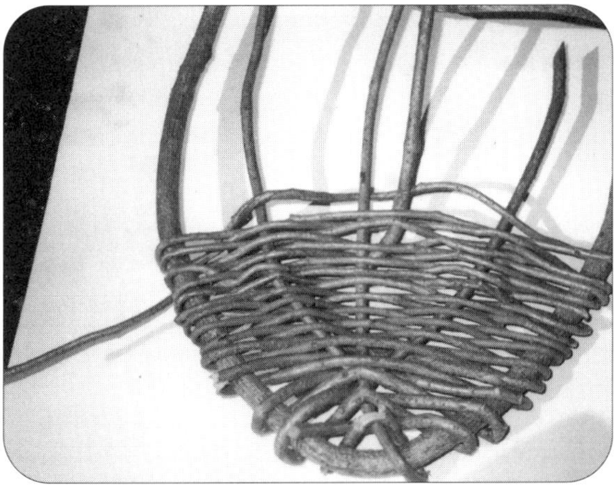

⑦ たて芯6本で折り返し編みです

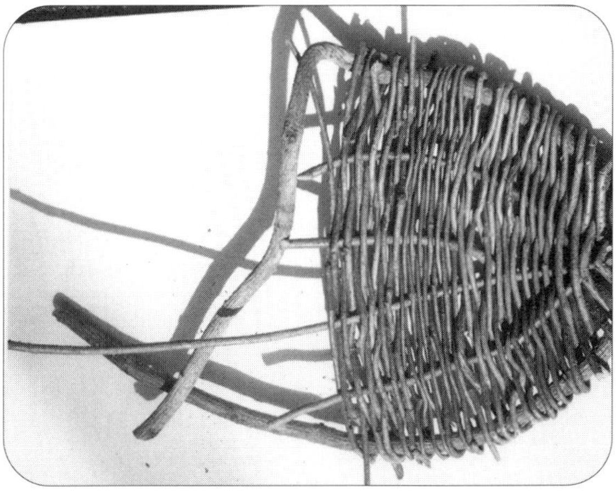

⑧ たて芯の間隔は同じくらいです

⑨ さらに編み進み、さし芯はまわりのふじつるに添えて編み余分なところは切る。中央のたて芯だけ残して編む

⑩ 空間ができないように編み込む。ふじつるが交わるところは升目編み（Ｐ64参照）で止める。
裏の継ぎ目は１cm残して切りそろえる

13　籐とかずらのアレンジ

曲がったつると緻密に編むことができる籐を使いましょう

A、つるを枠にして中を籐でおり返し編みをする　口絵　P10

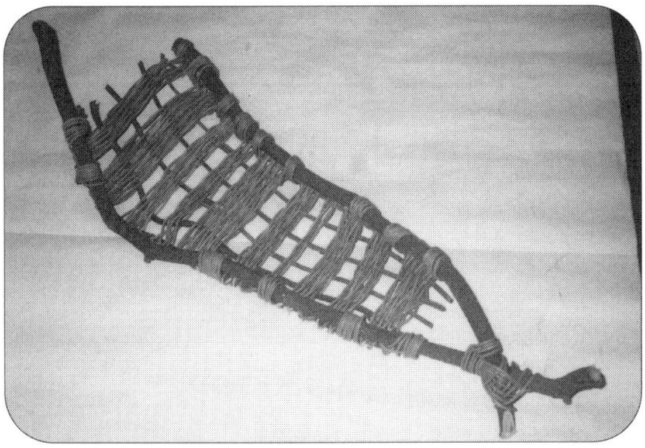

材料：ふじ

たて芯　80cm　2本

たて芯　50cm　5本

籐（茶芯）　編み芯　100ｇ

仕上り寸法　横　80cm

縦　25cm

高さ　10cm

① 80㎝の太いふじつる２本の交差を升目編みでとめる。
② ふじつる50cm、５本を間のたて芯にする。
③ ２cm位の間隔をあけながら松葉模様（Ｐ66参照）を２段～10段いれる。
④ 外枠のたて芯とふじつるを10カ所ほど、５周ずつ巻きながら広がった方に、折り返して編む。

Ｂ、つるを枠にして中を籐でみだれあみにする

かご

材料：あけび

縁の芯　100cm　1本

籐（茶芯）　編み芯　100ｇ

仕上り寸法　横　30cm

幅　20cm

高さ　15cm

① あけびつるをかごの縁になるようにする。
② 籐でみだれ編みをしてかごになるように深さをつくる。
③ みだれ編みの中に補強とアクセントにあけびを編み込む。
④ すわりが悪い場合はリングをつくり台にする。

かべかけ　口絵　Ｐ５

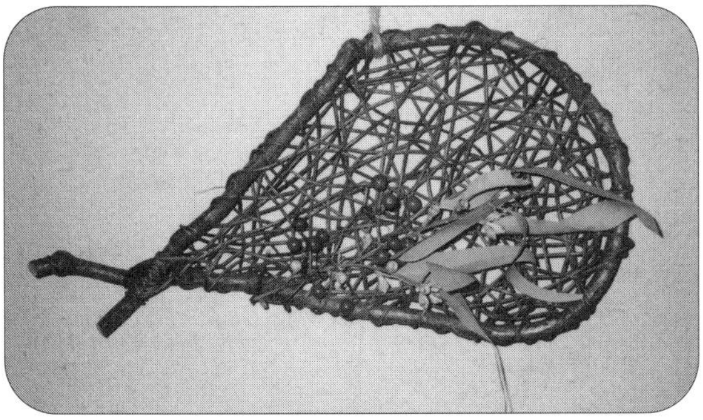

平面にするとこのようなかべかけになる

材料：あけび　100cm

籐（茶芯）　編み芯　100ｇ

仕上り寸法　横　35cm

縦　25cm

C、籐でかごを編み、まわりをつるで形作ります　口絵　P10

材料
キュウイ　太め（枠）140cm　1本
キュウイ　細め　たて芯　45cm　8本
籐（茶芯）100g
仕上り寸法　横　35cm
幅　25cm
高さ　25cm

① キュウイのつる4本、4本を十字に組む。
② 底を10cm編み、つるを曲げて立ち上がらせる。そとに開くようにざる編みをする。
③ 高さ10cm編み3本縄編みを3段する。たてつるは1cm残して切りそろえる。かごのできあがりです。
④ 太めの長いつるをかごのなかを通しながら手と台を形づくる。

D、升目編みのかご　口絵　P5

太いつるをたて芯と手にする。編み芯は籐です

材料：くず　150cm　1本
200cm　1本
ふじ（台）　200cm　1本
籐　400g
ふじ（さし芯）50cm　8本
仕上り寸法
横　45cm
幅　50cm
高さ　60cm

① くずの太いつるを2個、輪にする。かごの縁になるリンクはつなぎ目をななめに切り、かたく固定する。
② もう一方のリンクの継ぎ目は手になるので上に持ってきておく。
③ 2個の輪が接したところを針金で固定する。針金を隠すように籐で升目編み（P64参照）をする。
④ 編んでいた編み芯で下半分を折り返し編みする。かごになる所はたて芯（ふじつる）を足して編む。
⑤ 両サイドから編む。上に出たつるはねじってその上を籐で巻き、しっかりしたもち手にする。

A、Bの作品は、デザイン15のD、Eと同じように中におり返し編みやみだれ編みを入れてトレーやかべかけを作ることができます。
相違点はデザイン13は枠が曲線（つる）で、デザイン15は直線（枝）であるということです。

14　つると籐の巻き編み……３種　口絵　P14

しっかりした芯に巻きやすい素材で巻いていきます。手かげんしだいでいろいろな形をつくることができます。

なべしき、手付きかごなどです。この作品はバゴバゴを芯に籐を編み材にしました。

ざ　る

材料：バゴバゴ　　300ｇ

　　　籐　丸芯　　2.5mm、100g

仕上り寸法　　直径　30cm

　　　　　　　高さ　18cm

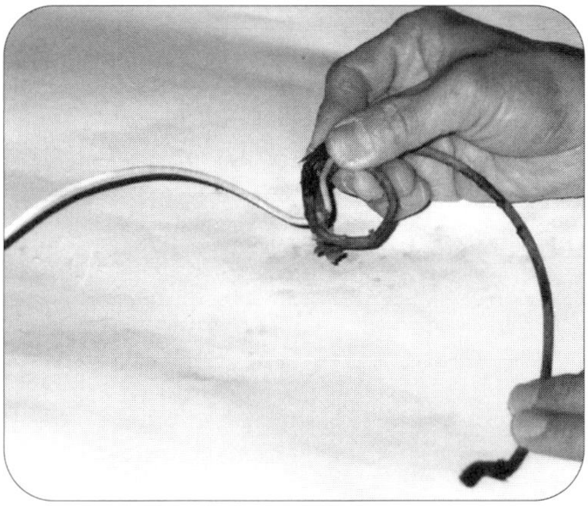

① つるで直径５cmの輪っかをつくる

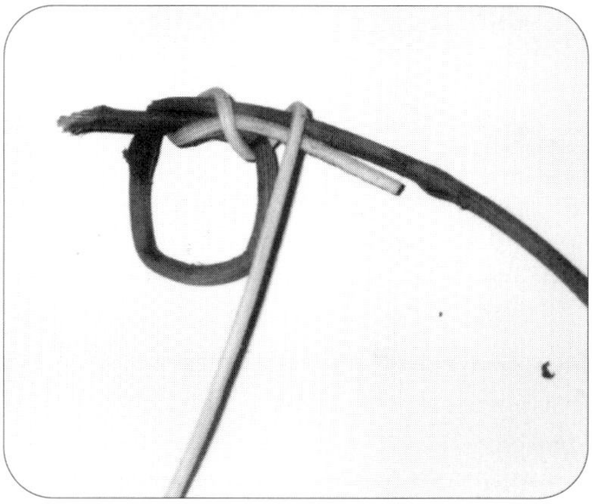

② 籐を３cm曲げてつるを輪と共に右方に巻いていく

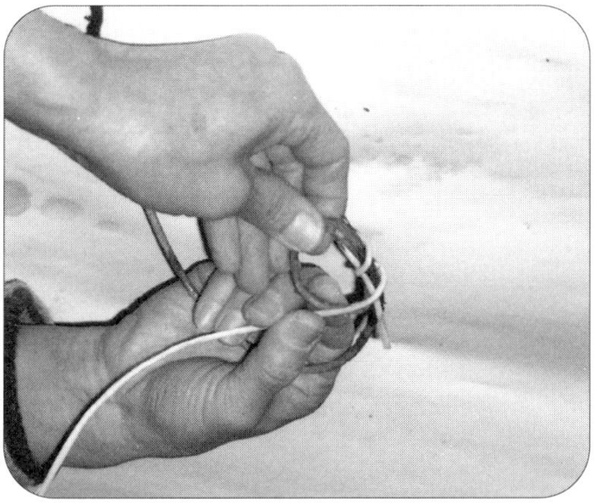

③ 1 cm間隔くらいに巻く

④ 3周目にはいります

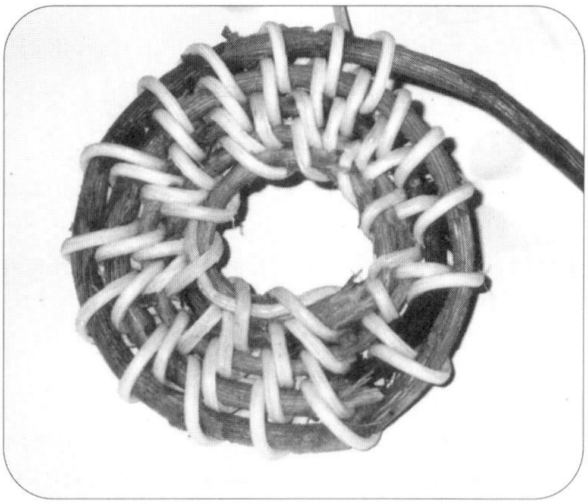

⑤ 1周目と2周目の間に目打ちであなをあけて3周目のつるを添わせて編み芯で巻いていく。1ヶ所に2回ずつとおす

⑥ 4周目からは1ヶ所に1回ずつとおし、さらに巻いていく

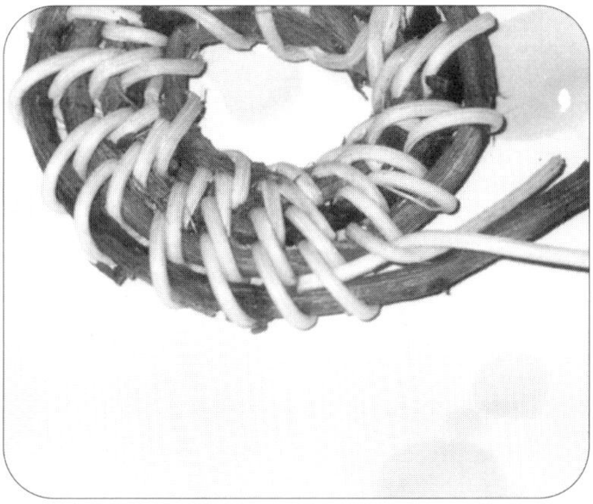

⑦ 巻き芯がなくなったときは裏側で新しい芯と2㎝ほど交差するようにとめ、編み込んでいく

⑧ 直径10cmほどで、1ヶ所に2回かけて編む(増し目をします)

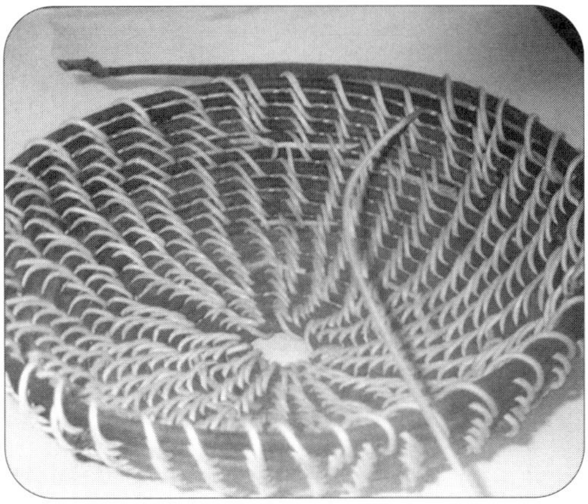

⑨ 直径20cmで立ち上がり側面を編みすすむ

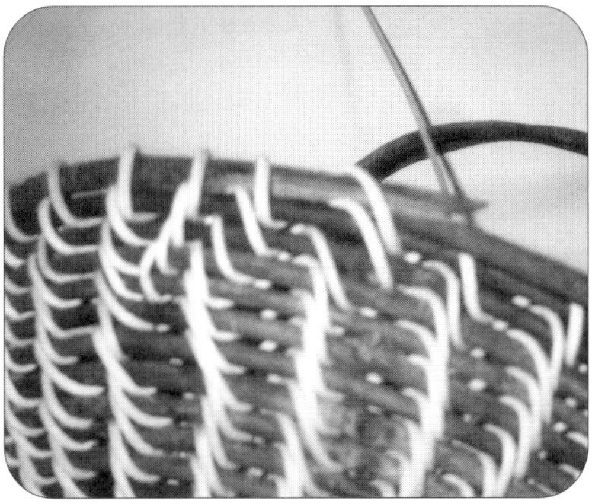

⑩ 芯を継ぐときはななめに切り、つきあわすようにする

⑪ 深さ10cmくらいまで外に開くように編む

⑫ そのあとは内側にゆっくり入れ全体の形を考えながら巻く

⑬ 縁２段ほどは内に入り込むようにする

⑭ 最後の芯は段ができないように大きくななめに切り籐で巻きこみます

15　枝につるや籐を編みこむ　　口絵　P３

街路樹や庭の剪定で落ちてしまった枝や、山に落ちているさまざまな枝を使い作品にしましょう。ここではみもざを使いました。

みもざの枝の変化を残しましょう。

A、三脚の鉢カバー

材料：みもざの枝　３本　70cm
　　あけび　200ｇ
　　さし芯　30cm　４本
　　(みもざ)

仕上り寸法　直径　40cm
　　　　　　高さ　68cm

① 太い枝３本を３脚に組む。太い枝ぶりは下に、細い方は上になる。
(交差のところを針金で巻いておく)
② あけびで３本を下から35㎝くらいのところを、しっかり巻いて固定する。
③ その編み芯で編み上げる。
④ 6 cmほど編みさし芯を4本する。
⑤ 深さ18cm編み２本縄編み１周して０、１、ととめる。
切り口は、編み芯を２㎝残し切りそろえる。

2本縄編み

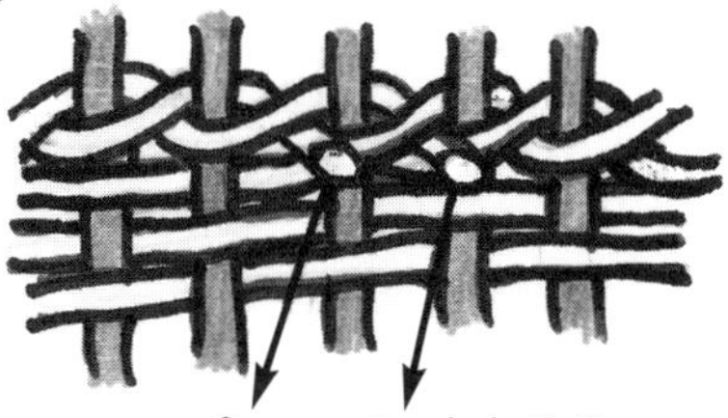

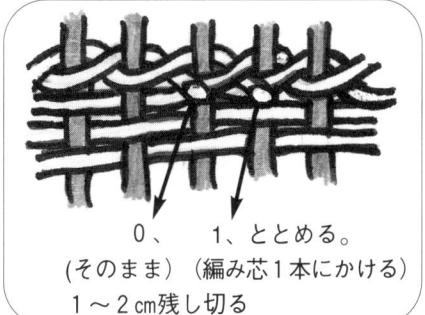

B、輪つなぎ模様の鉢カバー　口絵　P６

材料：みもざ

　　　たて芯　30cm　21本

　　　編み芯　籐　丸芯　2.5㎜　100ｇ

仕上り寸法　直径　23cm

　　　　　　高さ　28cm

① 21本のみもざの枝です。下方は太い部分、上方は細い部分にして並べる

② 長い編み芯を30cmはずらして輪にし２本縄編みを３周する。編み芯は１cm残して切ります。たて芯の底の面が平らになるようにする

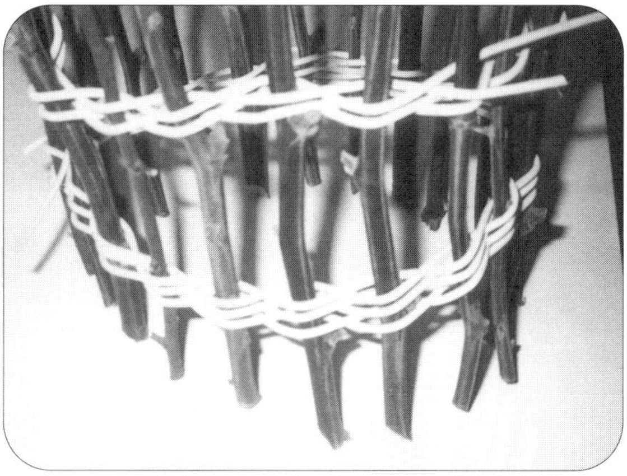

③ ５㎝空けてまた２本縄編みを３周し１㎝残して切りそろえる

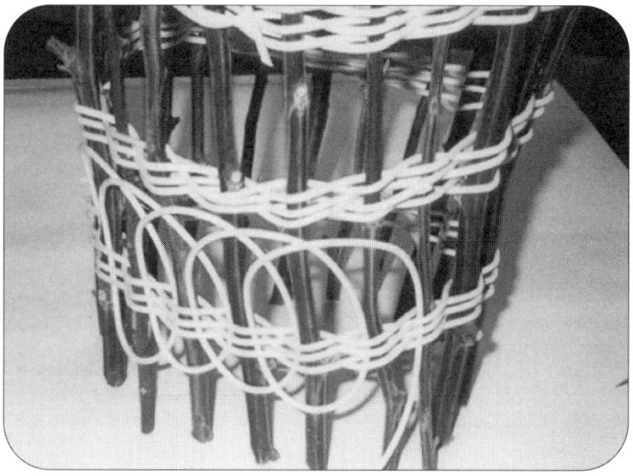

④ また５cm空けて２本縄編みを入れる。下段に輪つなぎ模様をいれる

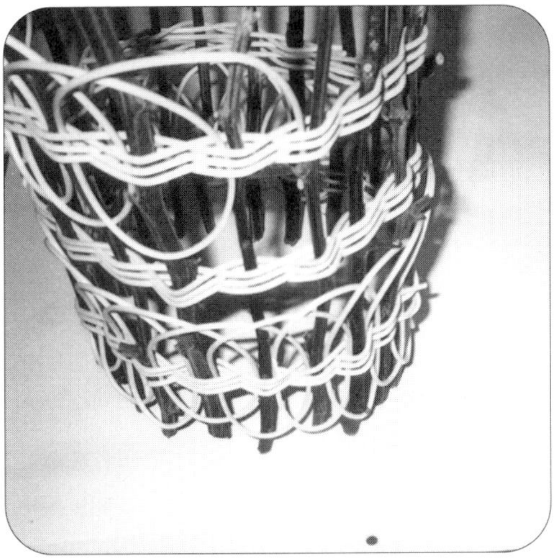

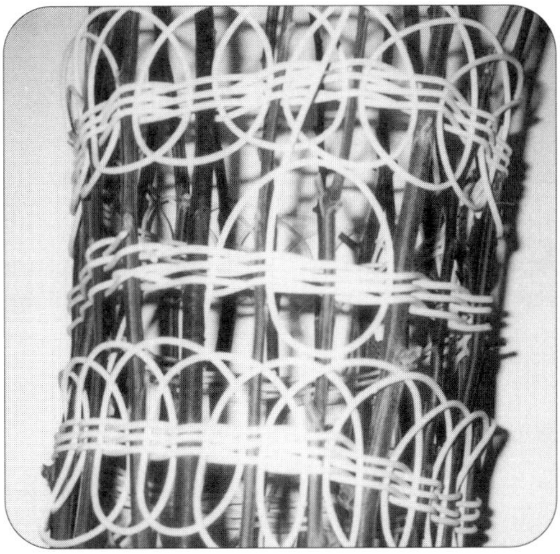

⑤ 上段に輪つなぎ模様をいれる。だんだん形が整ってきます

⑥ 中段にも輪つなぎ模様を編み込みます

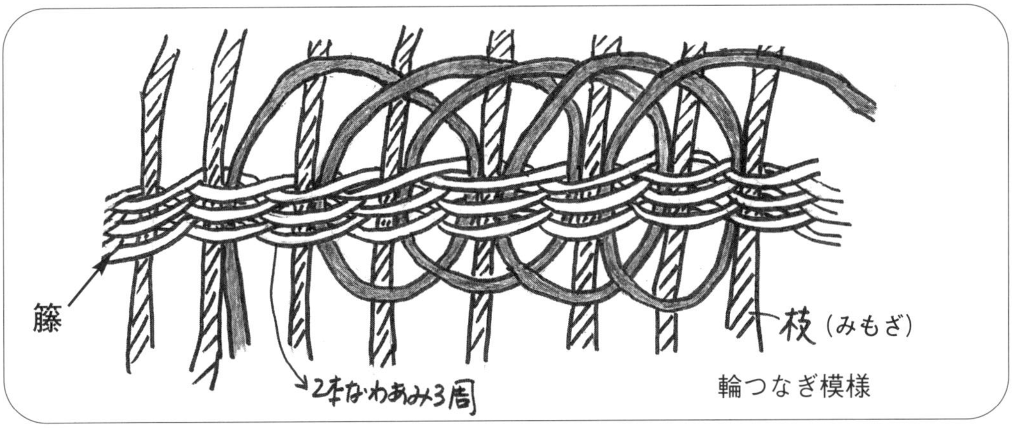

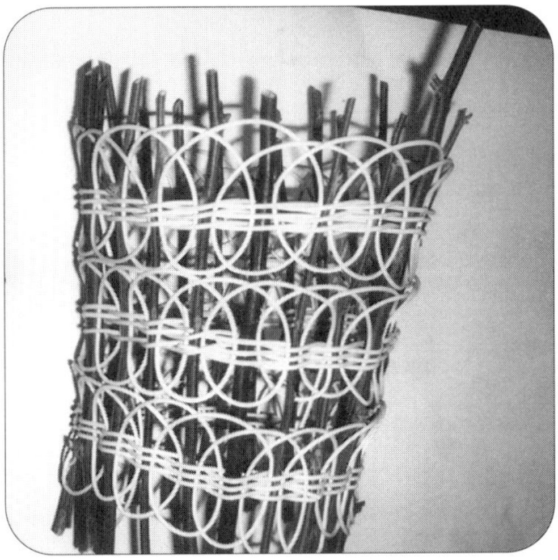

⑦ たて芯のみもざが底では高低が出ないようにします。口（上部）では、高低を少し出して動きを表現させ、切りそろえます

⑧ 正面をどこにするか決めましょう。クルクル回してみる

C、かびん

材料：みもざの枝

枝　35cm　2本、30cm　1本、
　　25cm　2本、15cm　2本、

皮籐　3mm　50g

仕上り寸法　直径　20cm　高さ30cm

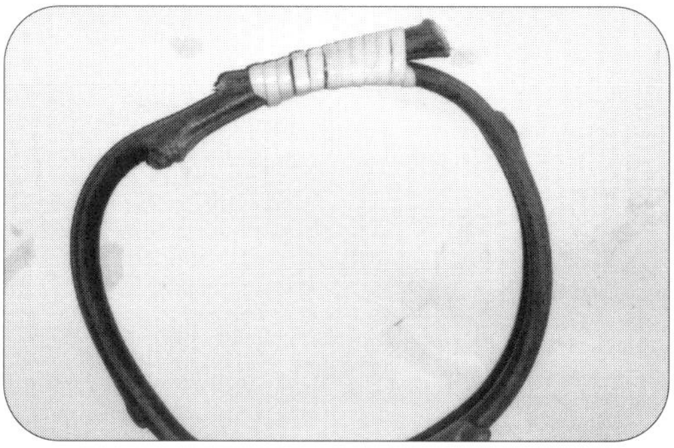

① やわらかいうちに30cmの一本を輪にして皮籐で巻いて止める（直径８㎝)。このリングを２個作る

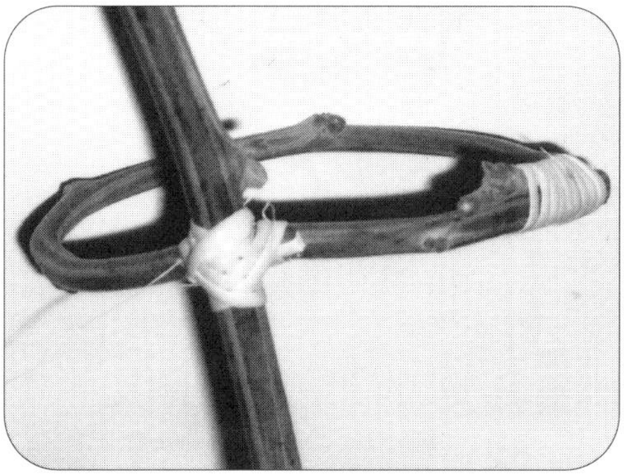

② 15cm、２本と35cm、２本をリングと升目編みで固定する

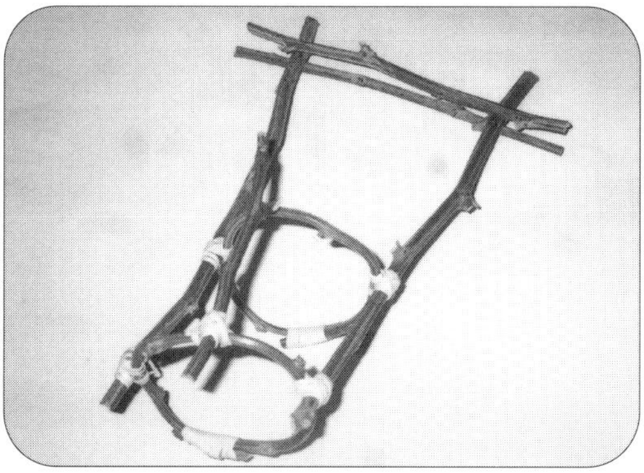

③ 全部で８箇所止めます

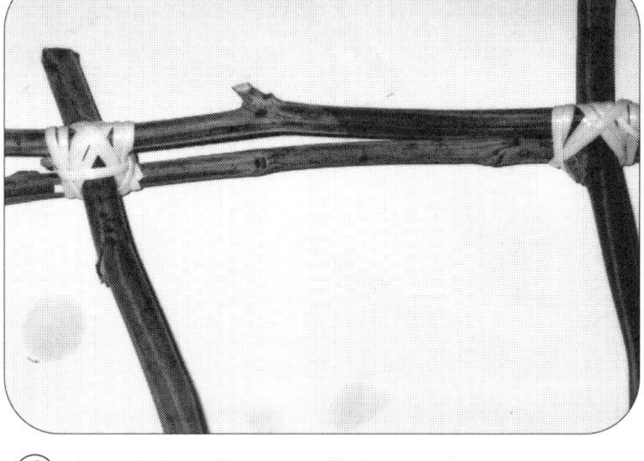

④ 上に出た２本の長い枝を、はさむように２本の枝で、しっかり皮籐を巻いて止める。この枝が手になります

⑤ できあがりです。木工用ボンドを皮籐を巻いたところに塗っておく。
中にガラスなどのかびんを入れます

D、折り返し編みのお皿　口絵　P13

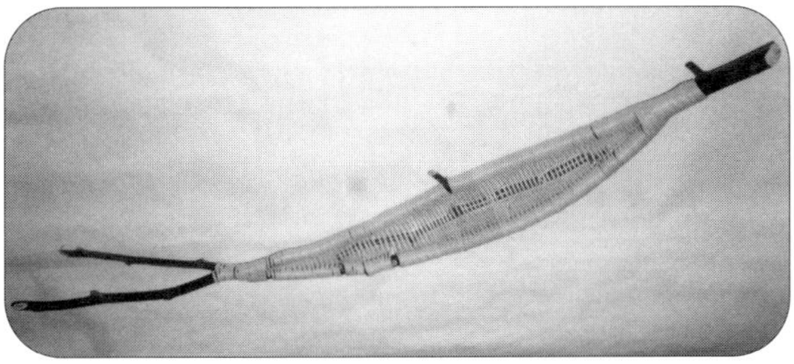

材料：みもざの枝　50cm　2本
　　　籐　丸芯　2.5mm　50g
仕上り寸法　横　50cm
　　　　　　縦　10cm

E、みだれ編みのお皿　口絵　P10　P13

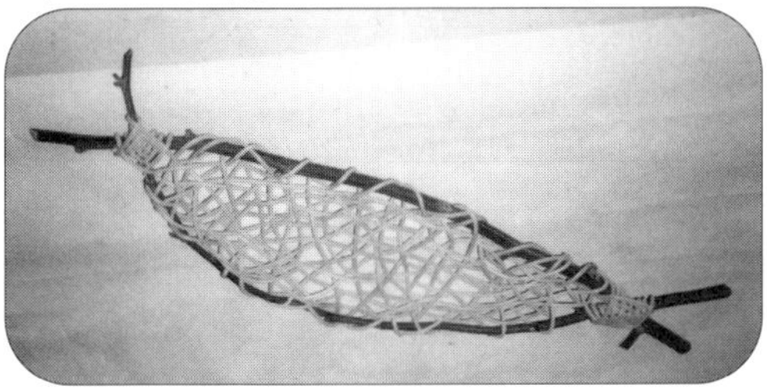

材料：枝　25cm　2本
　　　籐　丸芯　2.5mm　40ｇ
仕上り寸法　横　45cm
　　　　　　縦　14cm

F、麻ひもを使ったトレー　口絵　Ｐ６

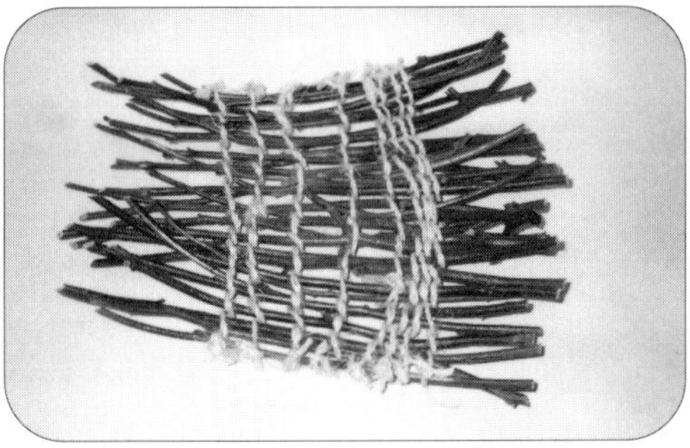

みもざの先の細くなった枝を集めて、麻ひもで２本縄編みをする。たて芯が細いのは２、３本１度にかけてもよい。
両サイドは結んでおく。
仕上り寸法　横　28cm
　　　　　　縦　23cm

G、かべかけいろいろ　口絵　Ｐ８

枝を２、３本組みあわす。広がったところは折り返し編みやみだれ編みでうめて小かごを取りつけてもよい。

二又に分かれている枝を使い、みだれ編みでうめました。

材料：枝　１本
　　　籐　　丸芯　2.0mm　50g
　　　仕上り寸法　　直径　６cm×10cm
　　　　　　　　　　高さ　45cm

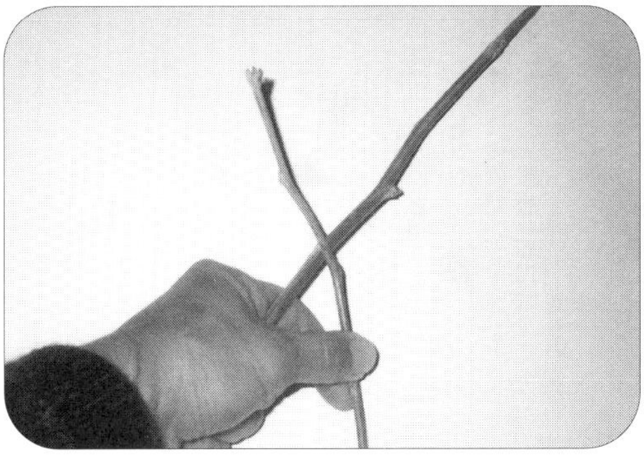

① 分かれている２本の枝を上部で交差させます

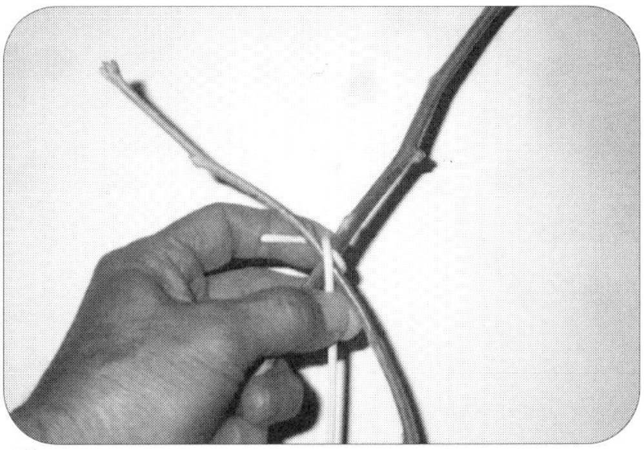

② 接しているところを升目編みで籐を巻く

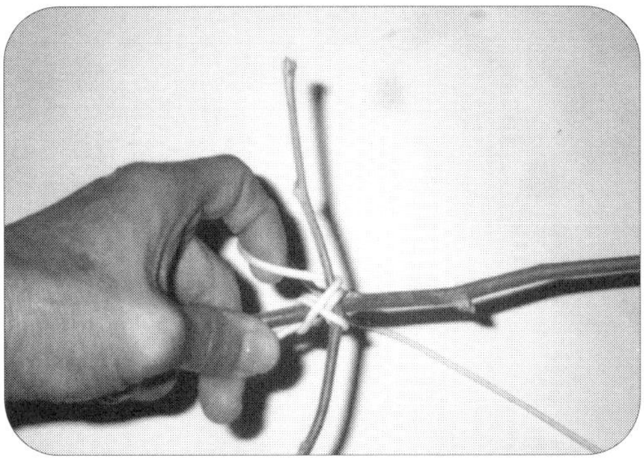

③ 枝に向こうから手前にかけて右の枝にかけ同じように向こうから手前にかけ次の右隣の枝をかける

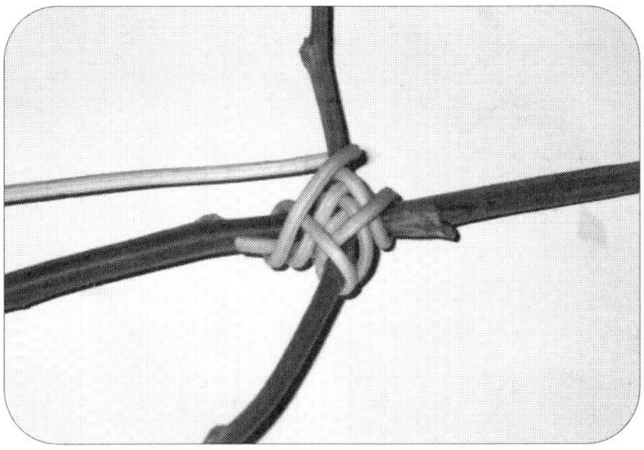

④ また同じようにかけていく

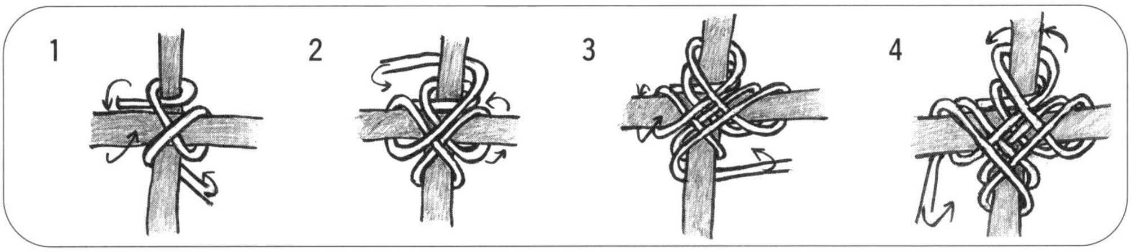

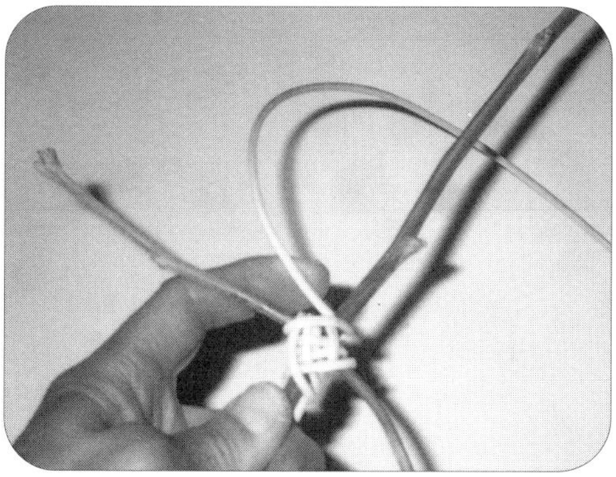

⑤しっかりゆるまないように巻く

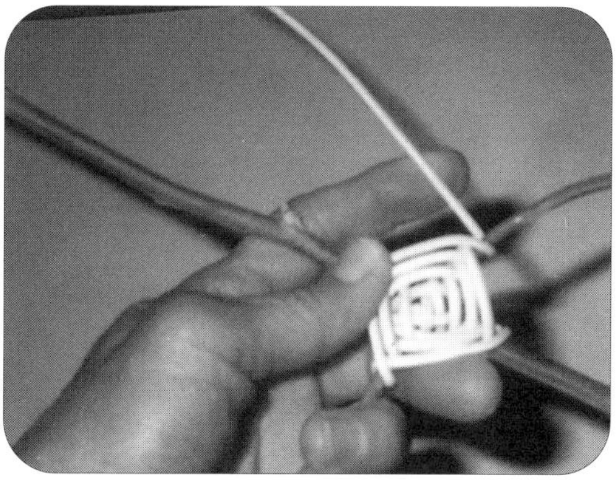

⑥5周しました

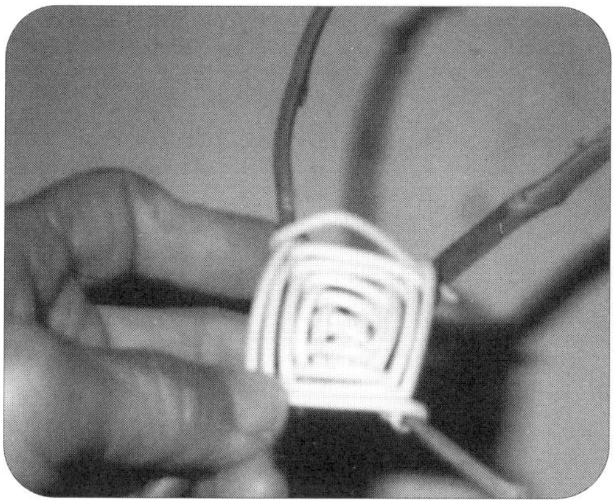

⑦6周して編み芯の間にさし込んで止めます

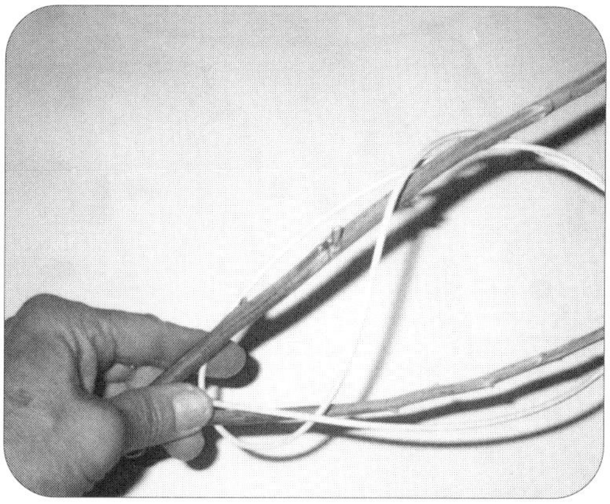

⑧下のひと枝のところからみだれ編みを編む。
2本の枝にかけながら円を描くように編む

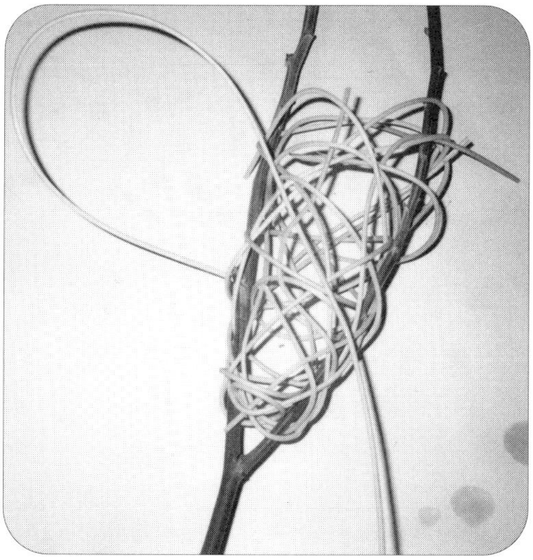

⑨空間を埋めるようにし、編み込みます

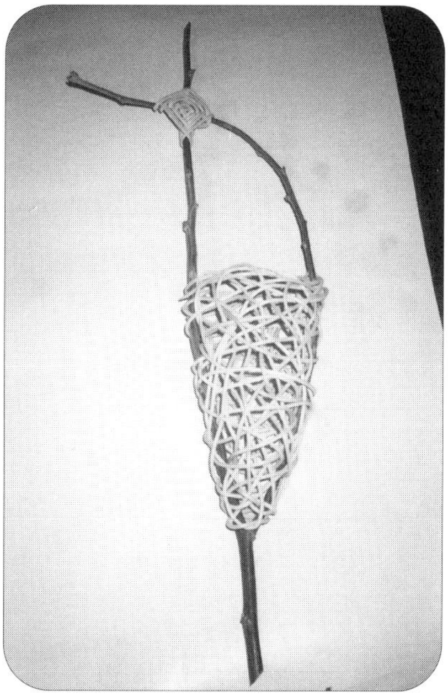

⑩麻ひものリングを上部に取りつけてつり手にします

16　すかし模様のかご　口絵　P５

真っ直ぐなつるがたくさんあります。こんな時は、ぜひ編んでみたい作品です。

材料：つづらふじ
　　たて芯　75㎝　18本
　　　　　　編み芯　300g
　　　　　　角底　　２本どり
仕上り寸法　底　30㎝×18㎝
　　　　　　高さ37 ㎝

①　たて芯を２本１組にして３cm間隔で、９組を角底に編む。
②　まわりを、３本縄編み（Ｐ69参照）１周して止める。
③　切り口は、１cm残して切る。
④　たて芯をエンマでかみ、立てる。
⑤　編み芯３本をたて芯の後に１㎝そえて３本縄編みを３段し、０、１、２ととめる。
⑥　すかし編みを入れる。たて芯２本を、２cmあけて、２本縄編みで一周編み、段けしのあと逆２本縄編みをする。

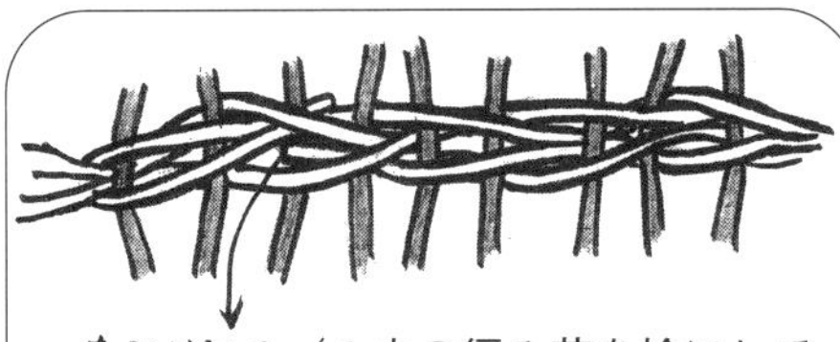

松葉模様

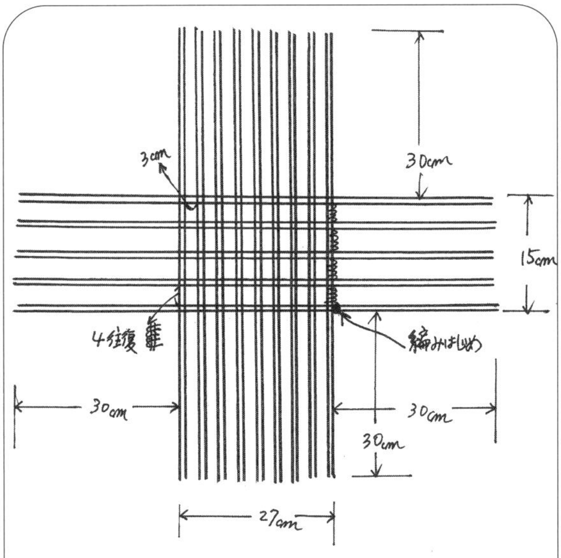

底のたて芯の組み方

⑦　松葉模様に編み止める。
⑧　２㎝あけ、たて芯を取り替えて松葉模様を編む。
⑨　２㎝間隔で松葉模様がはいる。
⑩　たて芯を取り替えて４回目は、２本縄編みを１周のち、あみ芯を、一本加えて３本縄編みを２段する。この時、高さは16㎝です。
⑪　縁は、下上下と、外返し止めをする。(P72参照)
⑫　手は、100㎝、２本で輪にして丸編みをする。２ヶ所取り付ける。
⑬　全体の形を整えてできあがりです。

すかし編み

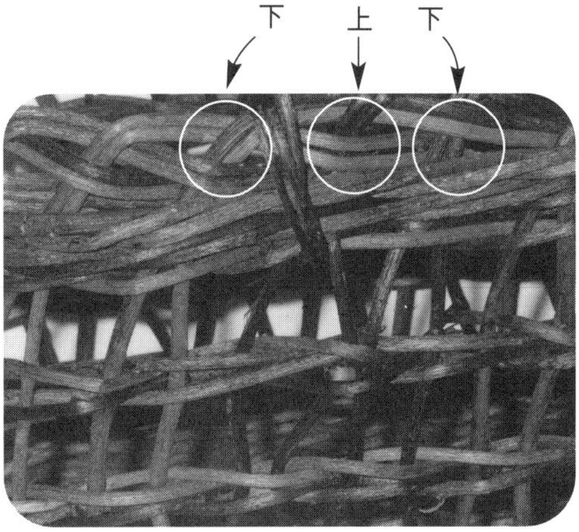

縁の外返し止め（写真上部のように
右方向に下上下とたて芯をかける）

かびん　　口絵　P５

材料：つづらふじ

たて芯　　100㎝　７本

編み芯　　300g

十字組み　　1本どり

仕上り寸法　　直径　20cm

高さ　40㎝

①　たて芯を、３本をよこ、４本をたてに十字に組む。

②　あみ芯を５cmほど曲げて、たて芯にそわせて下上下上……と２周する。

③　中心をあわせて、たて４本の１本を１cm残し切る。

④　３周目からたて芯を１本どりで編む。

⑤　直径18㎝あみ、２本縄編み1周する。切り口は２cm残し切る。

⑥　たて芯をたてて、高さ10㎝まで外に広がるように編み、その後は、口をすぼませて編む。

⑦　底から24㎝の高さまで編み、後はたて芯を2本ずつでざる編みをする。

⑧　35㎝までは、たて芯を真っ直ぐに２本ざる編みをします。

⑨　底から35㎝でたて芯を外側に開くように、たて芯を１本どりで、巾６㎝編む。

⑩　編み芯を継ぐときは、たて芯の下で継ぎ足します。

⑪　縁は、たて芯を上下とかけて止める。

（内返し止め）切り口は1.5cmで切る。

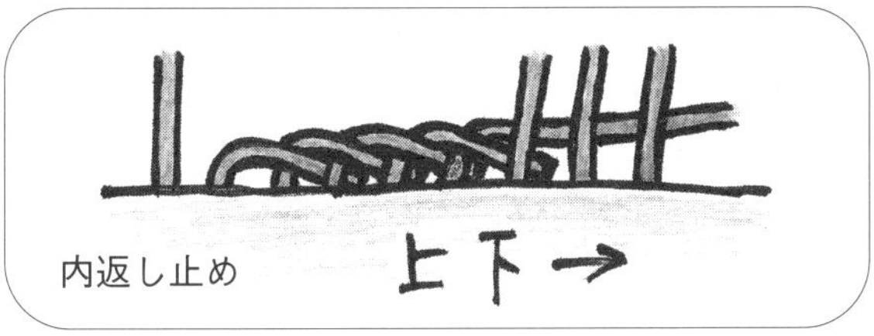

きのこの演奏会　　口絵　P12

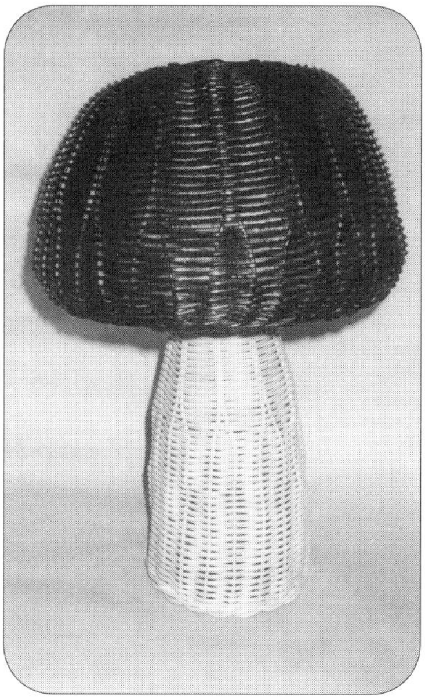

材料：籐　　丸芯　2.5㎜

きのこのかさ	たて芯	大90cm	中75cm	小65cm
		25本	21本	19本
きのこの柄	たて芯	170cm	130cm	90cm
		13本	11本	9本

井桁組み　　2本どり　スタンドのキット

仕上がり寸法

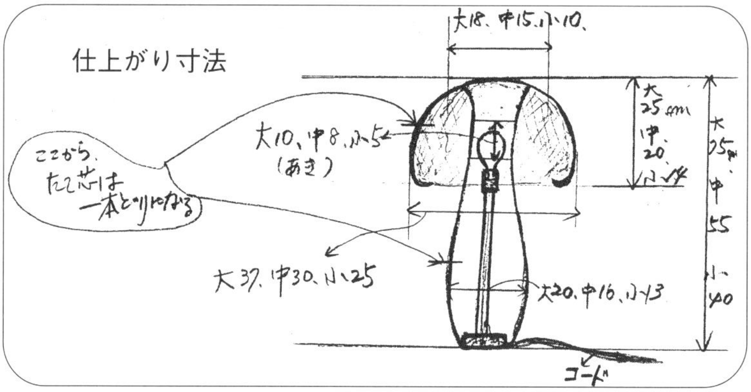
大18、中15、小10、
大10、中8、小5
（あき）
ここから、
たて芯は
一本どりになる
大37、中30、小25
大20、中16、小13
大25cm
中20、
大75、
中55
小40
コード

ライトオブジェでは大、中、小の16個のきのこたちが２０００年７月１日から９月３日まで浜辺で展示されました。………きのこたちは何を歌い語っていたのでしょうか。
かさが吹き飛ばされないように柄はかさに固定しました。柄の中にあかりが入ります。
できあがってから、かさに着色します。ここでは〔小のきのこ〕の作り方を記しました。

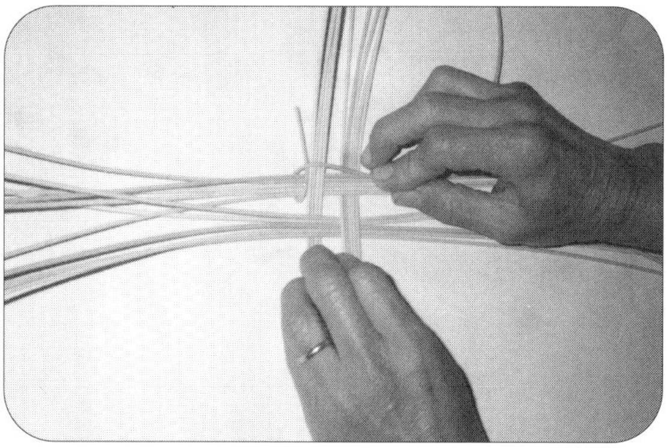

①たて芯を井桁に組む

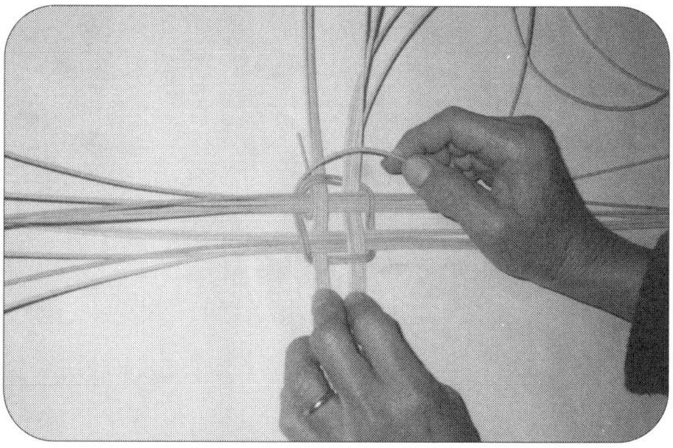

②３㎝折り曲げて下上下上…と編み２周する

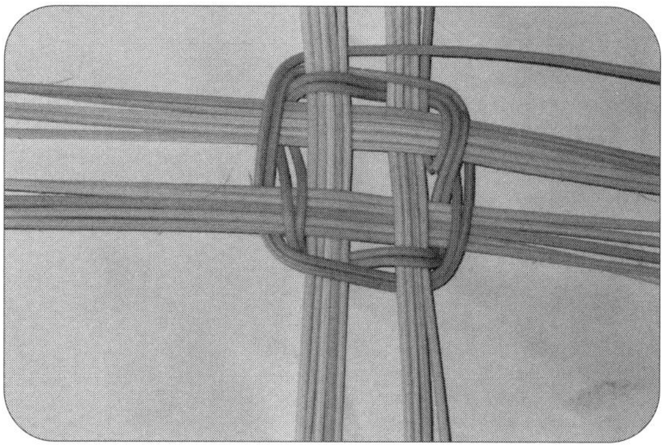

③Uターンして、３、４周する

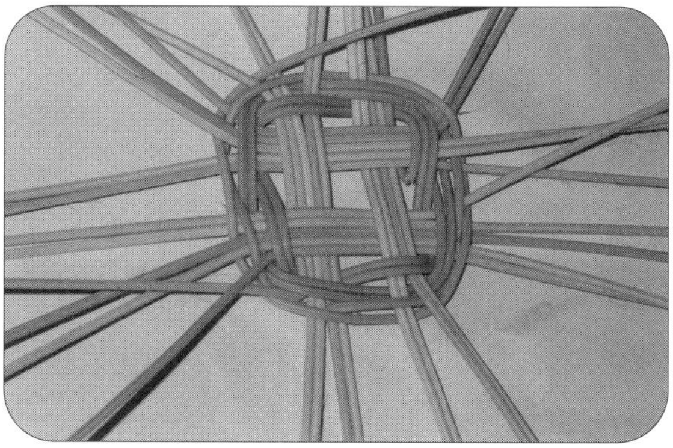

④中心をあわせて５周目から４本で２本ざる編みを10周する

⑤ たて芯2本どりで直径15㎝編む

⑥ たて芯を立てて少し外開きで高さ10㎝編む。あとは、たて芯を1本どりにし追いかけざる編みをしていく

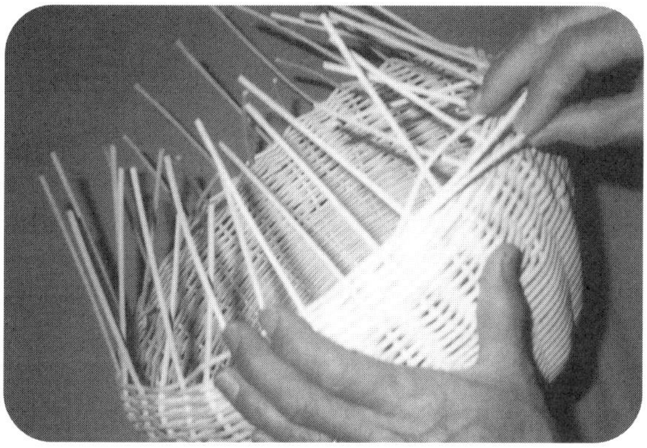

⑦ 縁の近くでは内側に巻き込むように編み、高さ14㎝で3本縄編み1周し、0、1、2ととめる

⑧ 編み芯3本は1㎝残して切りそろえる

3本縄編み

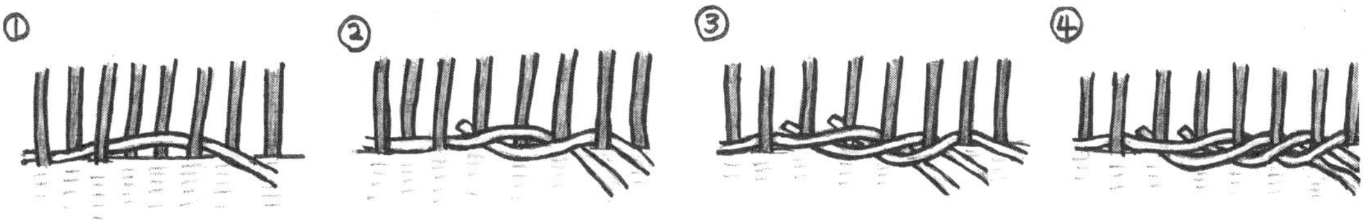

⑨ たて芯を湿らせてやわらかくして内高縄止め（P44参照）で止める

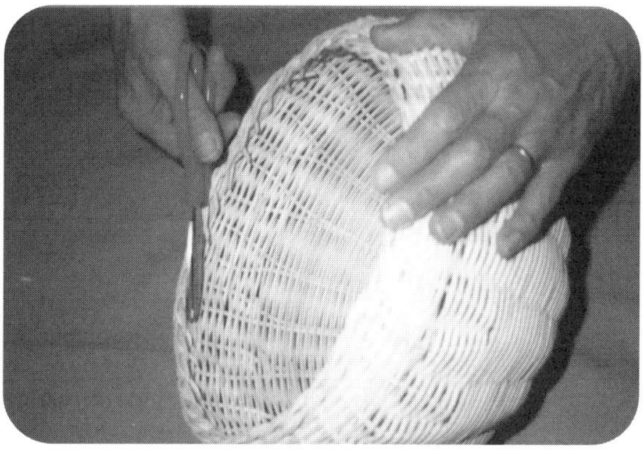

⑩ たて芯は2㎝残して切りそろえる

⑪ かさの直径10cm位に柄のたて芯を輪にしてかさにさす

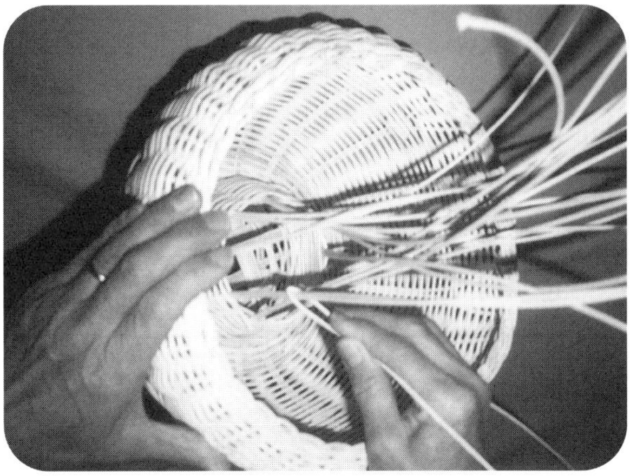

⑫ かさの内側からたて芯２本どりで編む

⑬ ざる編み５cmし、２本縄編みを１周し、０、１と
とめる。編み芯は１cmのこして切る。５cm間をあ
け、１本の長い編み芯を輪にし２本縄編みを１周し、
下の編み芯は切り上の編み芯でざる編みをする

⑭ 途中ふくらみをつけ、たて芯1本どりに
して追いかけざる編みをする

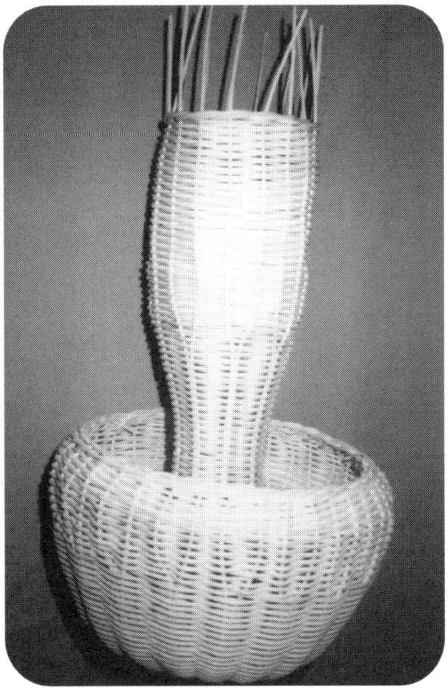

⑮ 高さ38cmほどで３本縄編み1周のち内高縄止
めでとめる。たて芯は１cm残して切りそろえる

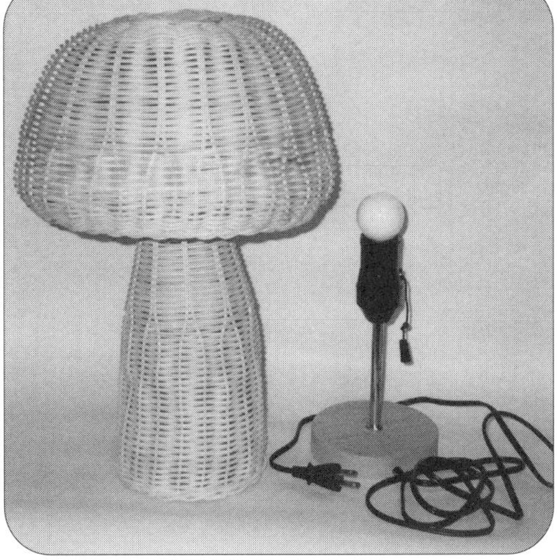

⑯ スタンドのキットに、かぶせるようにします。

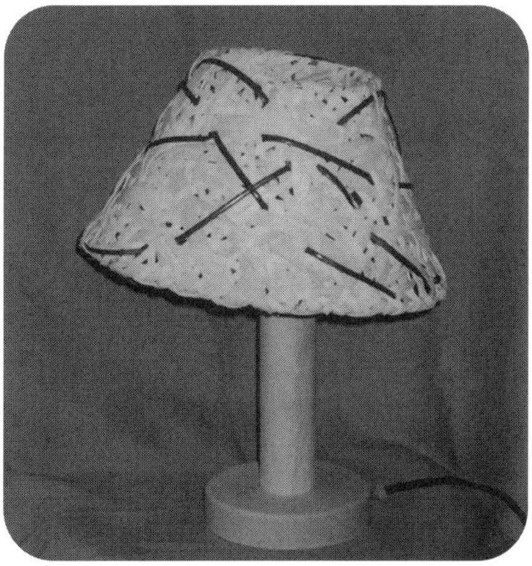

平芯のスタンド 口絵　P11

材料：籐　平芯　　100g

　　　皮籐　（茶）少し

キャッチヤー　　スタンドのキット

仕上り寸法　　直径　25cm

　　　　　　　高さ　32cm

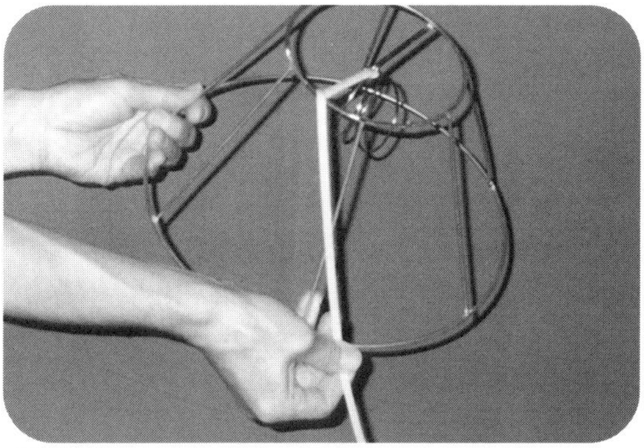

① かさの中央に平芯をかけて外方に巻く

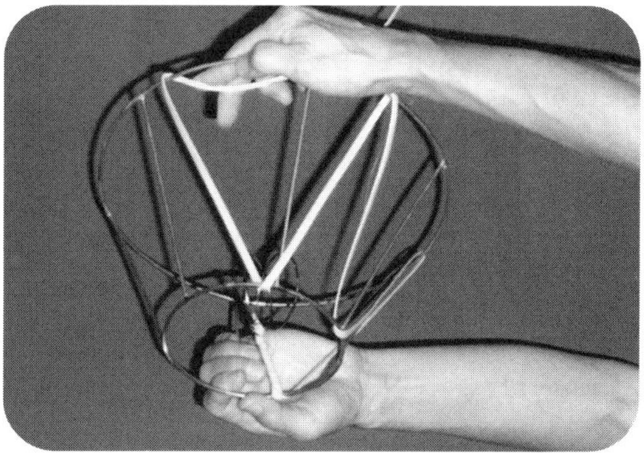

② キャッチャーの上と下を平芯でわたす

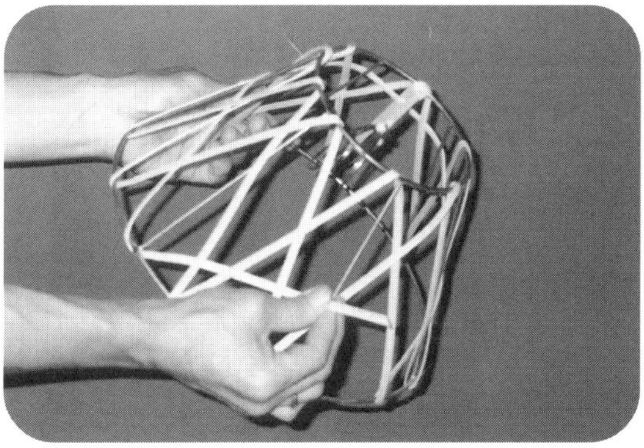

③ 全体にわたせたら間にかけていく

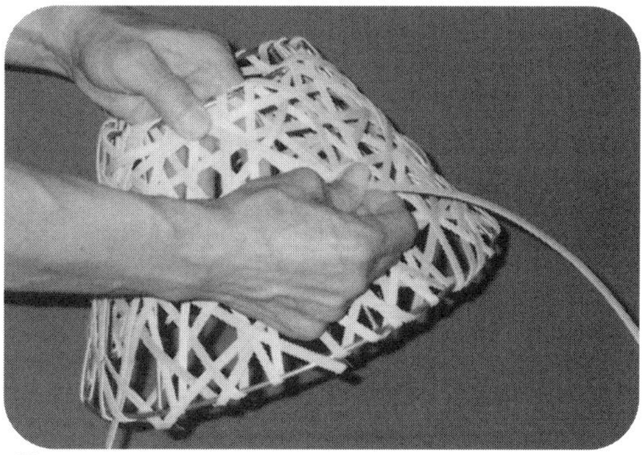

④ 空いているところを埋めるようにかける。
縁にきた時は折り返して編む

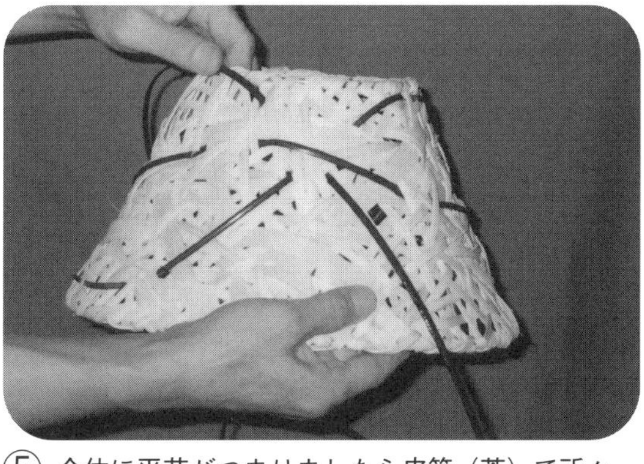

⑤ 全体に平芯がつまりましたら皮籐（茶）で所々アクセントに編み込む

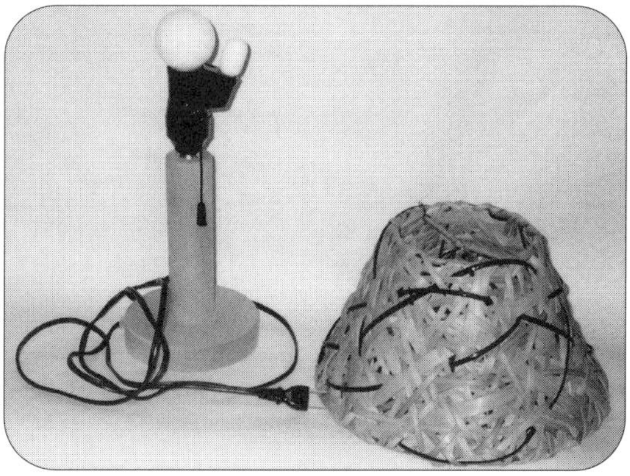

⑥ スタンドのキットにかさをかぶせます。

ふたつきりんご　　口絵　P14

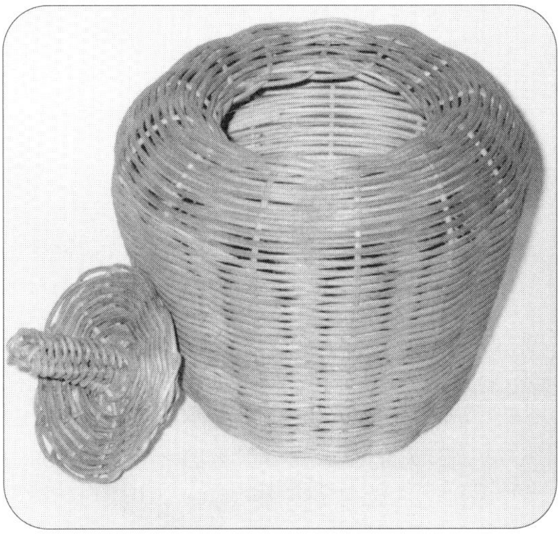

材料：籐　丸芯　2.0mm

本体　たて芯　50cm　6本

ふた　たて芯　35cm　4本

編み芯　100g

十字組み　1本どり

仕上り寸法　直径　11cm

高さ　16cm

本体とふたがぴったり合うようにする。

◎着色する。
えのぐをといて筆でかく。
水分が多いほうがよい。本体とふたの位置を決めて色分けする。

本　体

① たて芯を、3本、3本、で十字に組んで直径8㎝編む。

② たて芯を立ち上げて、少し外開きで8㎝ほど編む。

③ 内側にたて芯を入れて、高さ10㎝まで編む。

④ たて芯を中に押さえ込んで、1.5㎝編んで、下上下と外返し止めをする。

⑤ たて芯は2㎝ぐらいで切りそろえる。

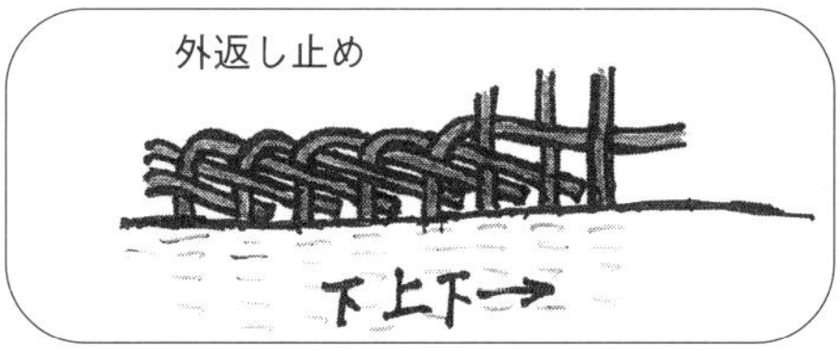

ふ　た

① たて芯を中心で折り、2本縄あみで輪にして、1周する。植え付け編みをします。

② 2本縄編みを10段する。

③ たて芯を湿らして外側に開いて、さし芯3本する。

④ 2本ざる編みを3周し、たて芯1本どりで直径6㎝編む。

⑤ 内返しをして、たて芯を内側にながす。

⑥ 内側に、入ったたて芯を、2本縄編みで、固定しながら2周する。

⑦ 縁は、内返し止めをして、たて芯を1㎝残して切りそろえる。

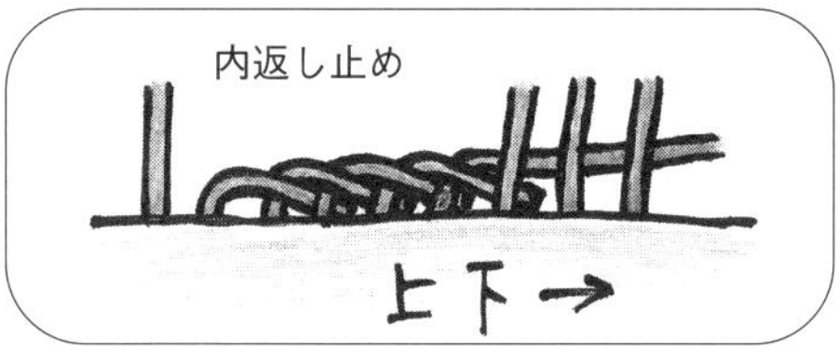

ぶどう　口絵P14

材料：籐　丸芯　2.5mm
実１つに編み芯150㎝
(実を小さくする時は2.0mm
の丸芯を使用します)

実

① たまむすびを４～5周する。１本だけ編み芯を10cm残しておく。
② フロラーテープで、３～４個ずつ巻きつけて、とめる。
③ 全体のかたちを考えながら、たまむすびを巻いてゆく。
④ 房１つで、たまむすび20個くらいつける。

葉

木の葉のようにあむ（P51参照）
外側の芯は、35cm
下図を参考にしてください。

ぶどうの実と葉

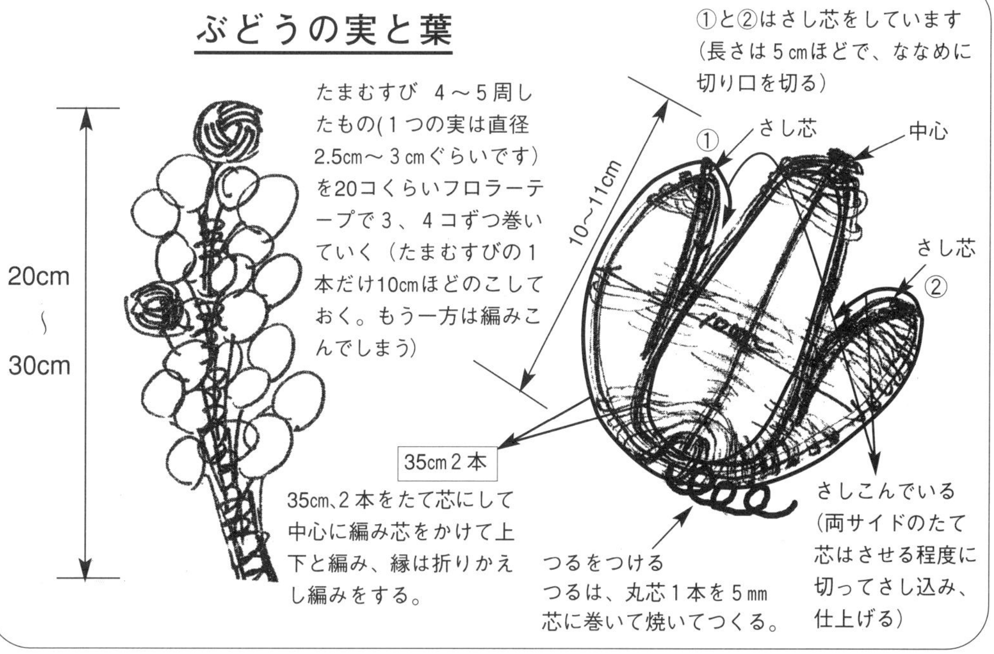

①と②はさし芯をしています
(長さは５㎝ほどで、ななめに
切り口を切る)
たまむすび　4～5周し
たもの(１つの実は直径
2.5㎝～３㎝ぐらいです)
を20コくらいフロラーテ
ープで３、４コずつ巻い
ていく（たまむすびの１
本だけ10㎝ほどのこして
おく。もう一方は編みこ
んでしまう)
20cm
～
30cm
10～11cm
①
さし芯
中心
さし芯
②
35㎝２本
35㎝､２本をたて芯にして
中心に編み芯をかけて上
下と編み、縁は折りかえ
し編みをする。
つるをつける
つるは、丸芯１本を５㎜
芯に巻いて焼いてつくる。
さしこんでいる
(両サイドのたて
芯はさせる程度に
切ってさし込み、
仕上げる)

鏡　口絵　P 9

材料：籐　丸芯　2.5mm

たて芯　100cm　48本

編み芯　200ｇ

仕上がり寸法　直径38cm

格子組み　たて芯　３本どり

茶色のニスをスプレーし、着色する。

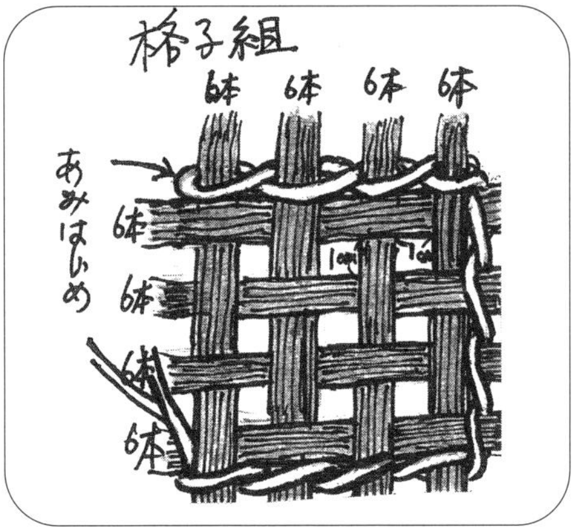

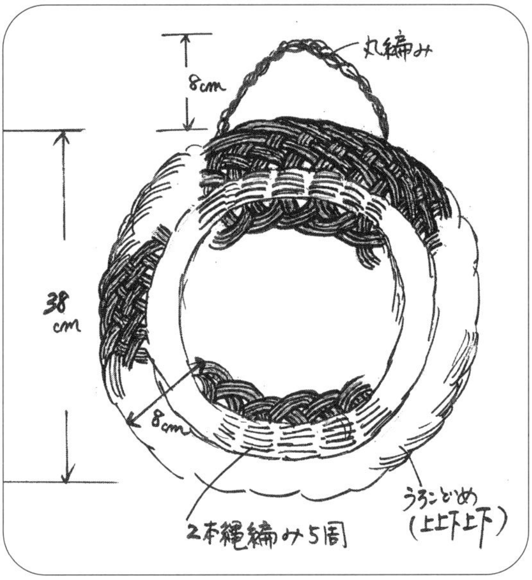

① たて芯を格子に組み、編み芯１本を輪にして、２本縄編みを２周する。
0、１とどめて編み芯は１㎝のこして切る。（たて芯６本）

② 直径20cmのところを、たて芯３本ずつで、２本縄編み１周する。

③ 追いかけざる編みを30㎝までして、２本縄編み１周する。

④ 鏡を入れて、よく濡らしておいたたて芯を輪に、2本縄編みをして鏡を固定していく。………２周する。

⑤ 右隣にかけていく。

⑥ ２本縄編みを５周する。

⑦ 全体を内側にカーブさせながら、上上下上下ととめていく。

⑧ 丸編みひもを70㎝ほど作って裏でとめる。
――つり手をつける

丸編み紐

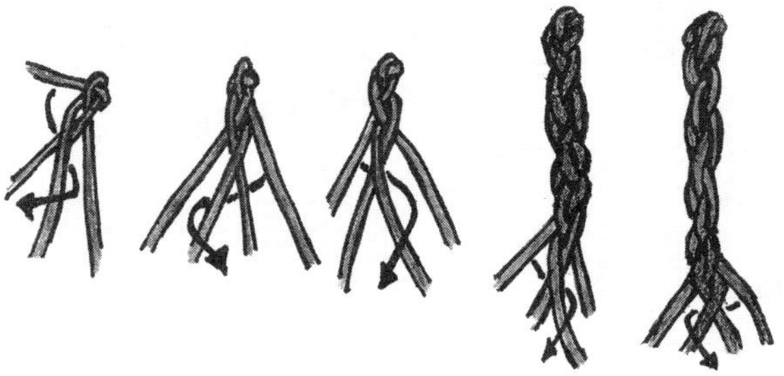

ワインラック　口絵　P10

材料：籐　丸芯　2.5mm
　　　たて芯　　60cm　16本
　　　編み芯　　50 g
　　　丸　芯　　 5 mm　　45cm　2 本
角底　　2本どり
仕上り寸法　底　19cm×9 cm
　　　　　　高さ　24cm

底のたて芯組み方

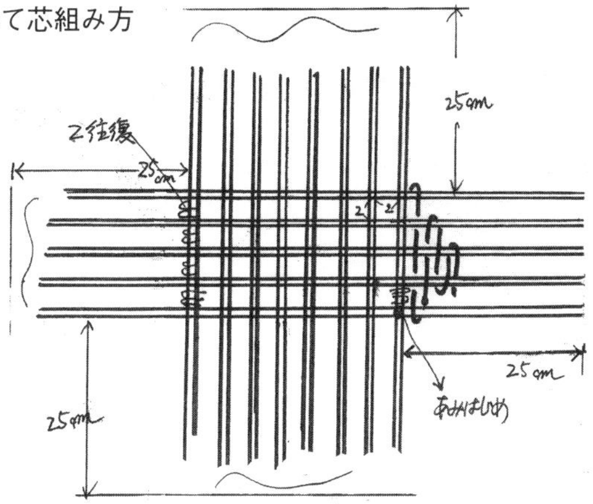

① たて芯8組で角底に、巾 8 cmまで編む。
② サイドの一方だけ折り返し編みを入れる。（1 、3 、5と折り返す）
③ まわりを、3 本縄編み 1 周する。0 、1 、2ととめる。編み芯を 1 ㎝のこして切る。
④ たて芯をエンマでかんで、立てて側面を 3 本縄編み 4 周する。
⑤ かけ編みを 3 段いれる。（皮籐の茶色と編み芯で）
⑥ 角から右、左 5 本ずつ底の丸みのあるほうにむかって、折り返し編みをする。
⑦ 底に丸みのあるほうのたて芯中心 1 本を、残して 2 、4 、6 、と折り返し編みをする。
⑧ 3 本縄編み 1 周のち、縁は外止めの三つ編み止めをする。
⑨ たて芯をはさみを縁にそえて切りそろえる。
⑩ 底に丸みのある方に、リング（直径 4 cm）をとりつける。
⑪ 手を 2 本つける。丸芯の周りを編み芯で巻く。
⑫ 全体のかたちをととのえてできあがりです。

ブレスレット　　口絵　P16

芯は、内枠が直径6.5cm、 7 cm、7.5cmのものがあります。

太さは、 7 mmと5.5mmです（丸芯)、手首の寸法や、好みの太さによって大きさは加減しましょう。ここでは 7 cmの大きさで、太さ 7 mmの芯を 2 個つかいます。

皮籐の2.5mm幅の白と茶を使用します。

芯の周りを、皮籐で模様を入れながら巻いていく。

模様は、下記のようにいろいろ考えられます。（A～L）

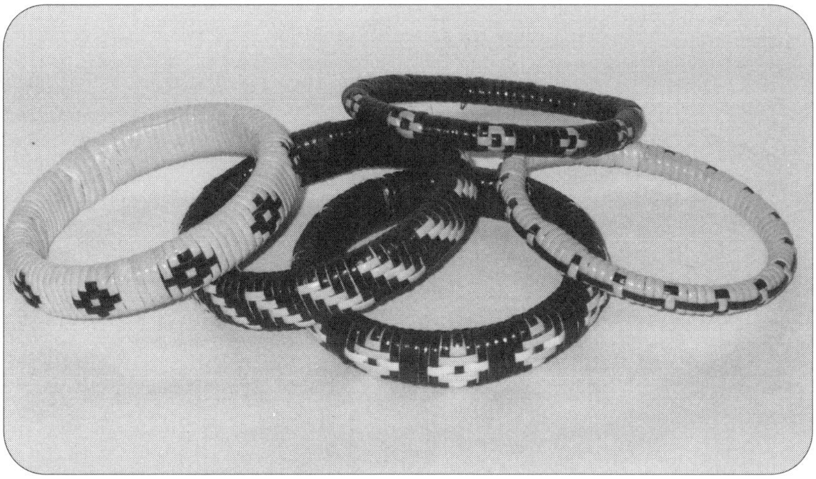

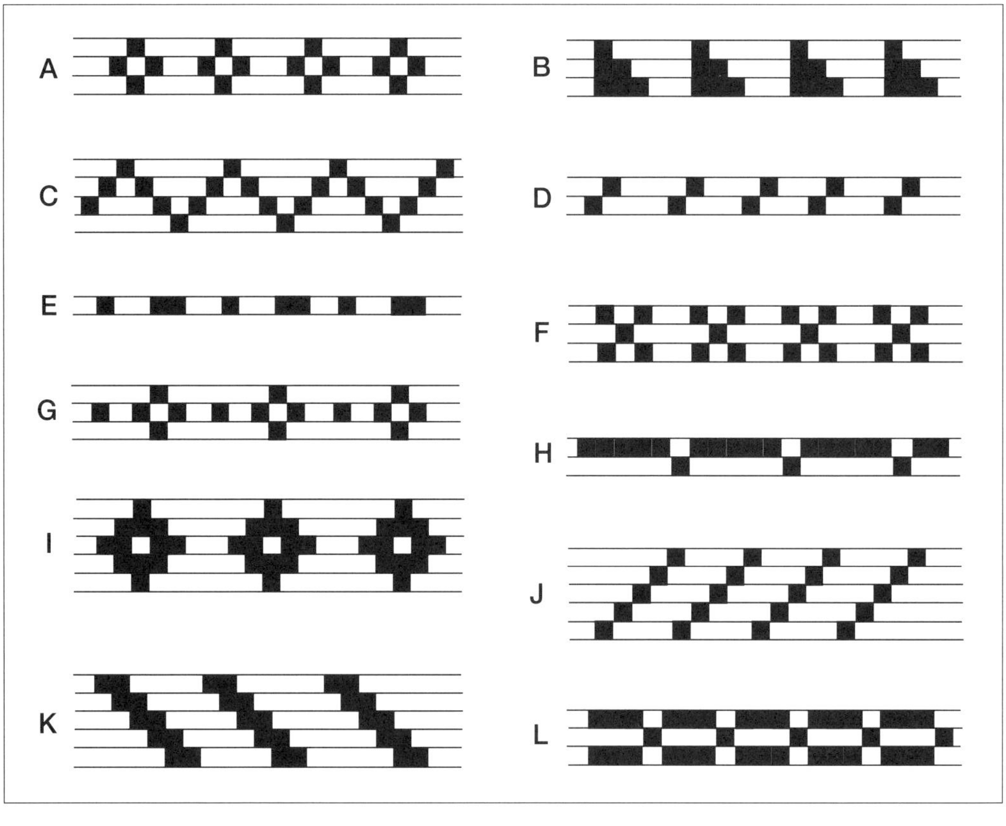

① ブレスレットの丸芯7㎝を２ヶ所テープで固定する

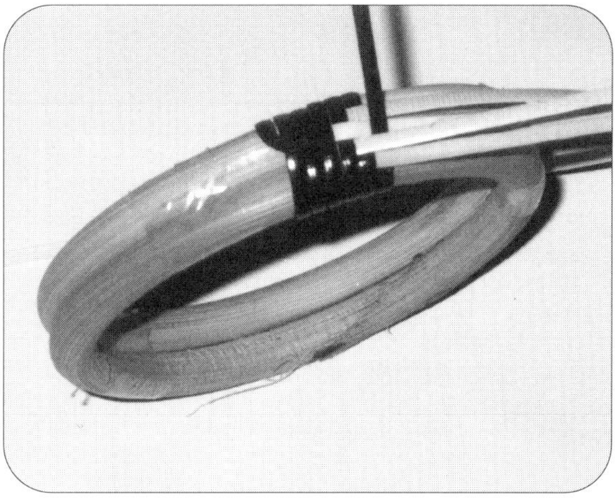

② 茶皮籐を1.5㎝ほど折り曲げて巻く。３周巻いたら皮籐（白）を５本さしこむ。模様が出る様に茶皮籐で巻いていく

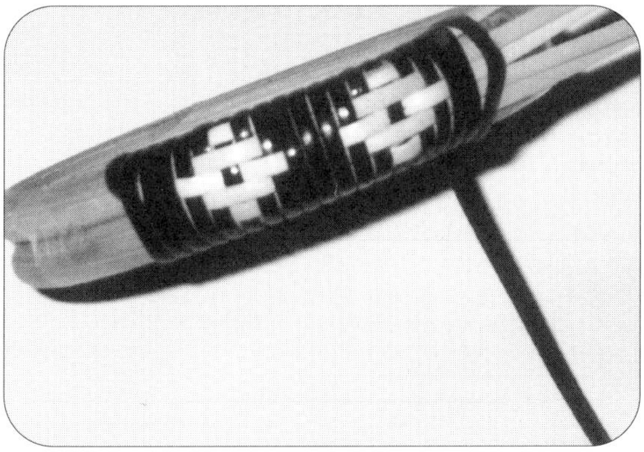

③ 皮籐（白）がうき出る様に隙間が空かないように巻く。お花の模様になりました

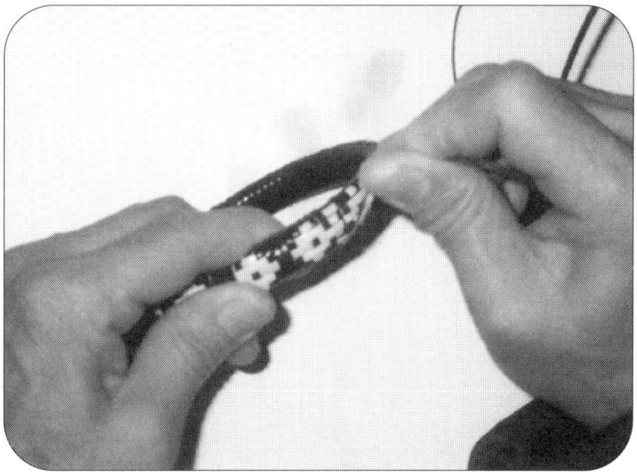

④ ぐるっと１周巻きます

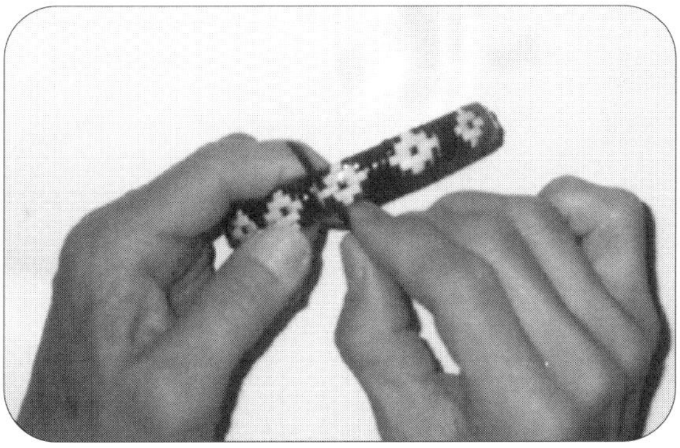

⑤ 巻きはじめの皮籐（茶）に少し重ねて巻きます

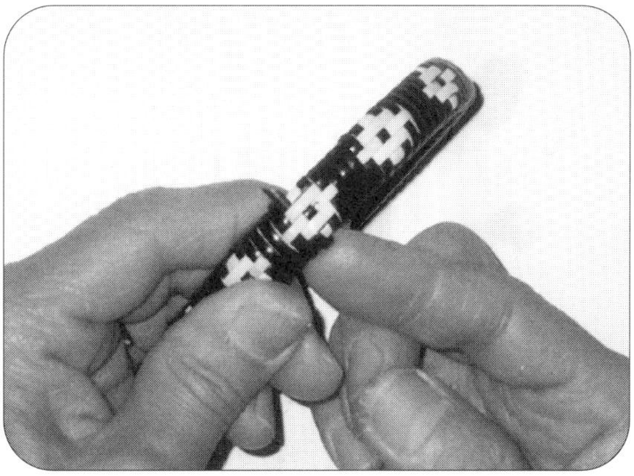

⑥ 模様の最初の皮籐（白）にとおして皮籐（茶）は切ります

⑦ 切ったところは木工用ボンドを塗っておきます

うかし模様のかご　口絵　P6

材料：籐　丸芯　2.5mm

たて芯　110cm　13本

編み芯　250ｇ　さし芯　50cm　24本

茶芯　少し

十字組み　２本どり

仕上り寸法　直径　20cm　高さ　30cm

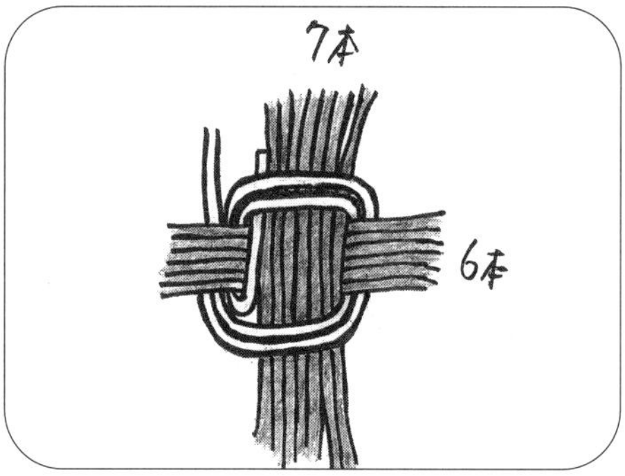

① ６本、７本を十字に組む。２本どりで直径14cm編む。

② たて芯２本の両側にさし芯をする。１組さし芯しない。たて芯は、25組になる。

③ 18cmまで編み２本縄編みを１周してとめる。→底のできあがりです。

④ かたい編み芯を１本縁にそえて４本持って、３本とびで芯に巻いて内側にいれる。

⑤ たて芯をたてながら、２本どりで３本縄編み３段し、９組ごとに、うかし模様が３ヶ所入る。表目３段で１つの模様になる。

⑥ まっすぐに高さ28cmざる編みする。

⑦ ２本編み芯を加えて、３本縄編み４段する。

⑧ あとの２段は茶芯であむ。

⑨ 縁は巻き縁止めをする。編み芯１本を縁に添えて、左手に４本たて芯を持って３本とびで芯にまいて内側に入れていき、２本とびの内返しで止める。

⑩ たて芯は、1.5cmほどで切りそろえる。

うかし模様

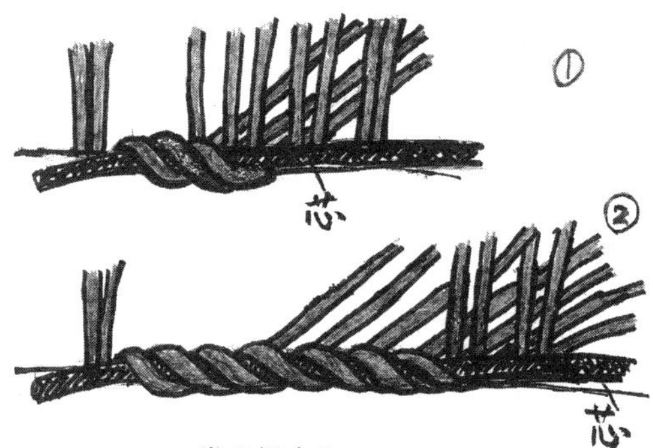

巻き縁止め

尾上 みち子（おのえ　みちこ）

1949年　兵庫県西宮市に生れる
1970年　武庫川女子短期大学卒業
1974年　伊東洋裁ファッションデザイン科卒業

1993年　宝塚手工芸展において宝塚市長賞を受賞。
1994年　全国手工芸コンクールにおいて優秀賞を受賞。
1996年　ハンガリーのブタペストにて第11回日本文化祭に参加出展する。
1997年　兵庫県ふれあい公募美術展で工芸美術作家協会賞を受賞。
1998年　'98県展（兵庫県立近代美術館公募）に入選する。
1999年　朝日現代クラフト展に入選する。
　　　　朝日放送「ワイドＡＢＣＤＥ～す」に、かずら編みで出演する。
2000年　淡路花博ライトオブジェにおいて準グランプリを受賞。
　　　　淡路花博において個展を開催し、国際コンテストにおいて銀賞を受賞。
2003年　パリ、ルーブル美術館にて開催されたフランス・パリ・美の革命展INルーブルに出展し、「カルーゼル・ドゥ・ルーブル グランプリ」と、「トリコロール芸術平和賞」を受賞。
2004年　第42回　兵庫県工芸美術展において奨励賞を受賞。
2005年　第10回 OASIS・2005に出展する。
　　　　タイのバンコクにて「アジアにおける日本美術展」に出展し優秀賞を受賞。

現在、籐・かずら工芸“たまむすび会”を主宰。
サンケイリビング新聞社カルチャー倶楽部、大阪産経学園をはじめ神戸、大阪、宝塚、西宮などで教えている。

たまむすび会について

たまむすび会は、1988年に発足しました。四つの円が重なり合った構図ですが、その時に考察したマークには、私の願いが込められています。
その一つ一つの円に意味があり、それらが一つになって作品ができあがるのです。
四つの円は四つの技法を表しています。編む、組む、巻く、結ぶです。他に、曲げたり、かがったり、ということもしますが、この四つを軸として作品はできあがります。
世界で一つしかない、自分だけの作品を作りましょう。

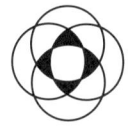

たまむすび会マーク

大　樹

大樹は、会員のみなさんによる大作です。籐で木の葉を500枚ほど作り着色し、幹にとりつけました。幹は、私が制作しました

材料の入手について

籐

バゴバゴ

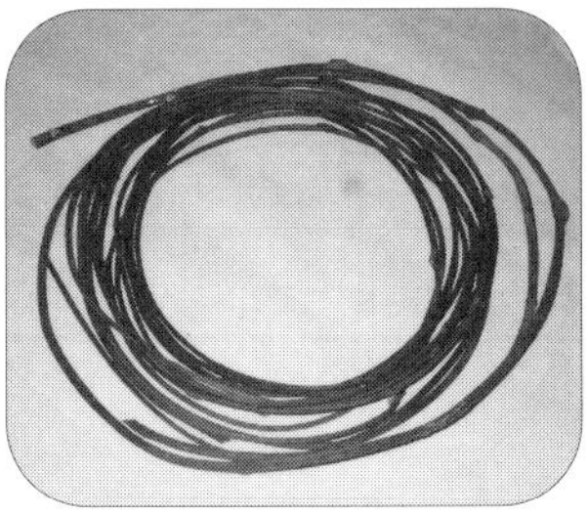

つづらふじ

材料入手希望の方は、下記までご連絡下さい

お問い合わせ先　　たまむすび会

〒651－1145　　神戸市北区惣山町３丁目６－14

TEL・FAX：078－593－5997

http://www.interq.or.jp/japan/tamamusu/

メールアドレス　　tamamusu@japan.interq.or.jp

教室案内

☆サンケイリビング新聞社　カルチャー倶楽部

神戸教室

神戸市中央区三宮町１－10－１　神戸交通センタービル　５Ｆ　TEL 078－325－1874

梅田ナビオ教室

大阪市北区角田町７－10　HEPナビオ　3F　TEL 06－6361－6300

梅田第４ビル教室　19階

☆よみうり神戸文化センター

神戸市中央区栄町通１－２－10　TEL 078－392－3290

☆アピアカルチャー教室（宝塚）

阪急逆瀬川駅前　TEL 0797－71－6786

☆異人館カルチャー（神戸）

神戸市北区日の峰３―24―４ギャラリー異人館内

☆大阪産経学園

大阪市北区芝田１―１―４　阪急ターミナルビル７Ｆ　TEL 06－6373－1241

☆三木自由が丘教室

三木市志染町　TEL 0794－85－0695

☆ＪＥＵＧＩＡカルチャーららぽーと甲子園

西宮市甲子園８番町１―１００　TEL 0798－81－6868

☆近鉄文化サロン（上本町）

大阪市天王寺区上本町６―１―５５　TEL 06－6775－3545

◎撮影協力◎　佐藤大次　市川彰三

◎制作協力◎　石川文子　海野奈津子　好士崎黎子　合田叔子
四軒町千鶴子　中野しのぶ　橋本昭代　前田典子
丸　俊子　森川幸子　渡部雅子